U0135800

佛說入胎經 今釋

南懷瑾 指導　李淑君 譯著

投胎住胎與胎教

老古文化事業公司

謹以此書
獻給
我的父母

目　錄

附錄

胎教與胎養 ———————————— 周勳男

周序

　　有些人聽說李淑君譯著的《佛說入胎經今釋》，就要出版了，而感到驚異，彷彿這跟學佛修道有什麼關係？生都已經生下來了，還要去研究幹嘛！

　　其實，本書正是對孔子所說：「未知生，焉知死」的最好答覆。瞭解了生，自然有助於瞭解死；反之亦然。生從何處來，死往何處去，正是人類千萬年來所想知道，也是所有宗教首要解答的問題。

　　這也不禁使我想起幾十年前，懷師在談起中印文化的重大區別時，說過在生死這兩大扇門前，中國文化本著《易經》乾卦生生不已的精神，往生門這邊看；印度文化則本著解脫痛苦煩惱的精神，往死門這邊看。其實，中國文化講的易，就是變化，也就是印度文化講的無常。變化與無常都是對同一現象的描述，但「言爲心聲」，不同的語言文字就表徵了不同文化的心態。懷師又說，這只是從宏觀的立場來看，若從微觀的立場來看，中國文化的代表——儒家，又何嘗不慎終追遠，而製定出一套非常隆重完整的葬禮？至於印度文化的代表——佛教，懷師則特別提出佛說有關入胎住胎等經典，要我們注意研究。

　　於是開始留意有關文獻，結果發現早在一九六〇年

十月的《人生雜誌》上，即有陳欽銘居士所撰寫的「佛說入胎藏會與胎生學之比較研究」，頗爲讚歎，但似感有所不足，乃繼續搜集有關胚胎學之中外著作，雖然有所獵讀，也知道宋代戴侗説過的一句話：「欲於待，則書之成未有日也。」但終究沒有提起筆來。

而今看到李淑君的書稿，倍感深獲我心。跟近乎四十年前，陳居士所撰該文比較起來，李淑君這本譯著青出於藍的地方有四：

一、補足了前者略而不論的難陀出家及説入胎經的因緣，而這一部分是既有趣味又深具啓發性的；

二、不只譯述了《大寶積經》第五十六卷（以大正藏版爲準，即佛説入胎藏會第十四之一，唐·義淨譯），並參酌該經第五十五卷（即佛爲阿難説處胎會第十三，唐·菩提流志譯），使字義更爲明晰；

三、得力於中外人體胚胎學的最新研究成果，因此譯述起來，自然比前者詳細很多，尤其又附有精心繪製的插圖，使人更一目了然；

四、書中並提出一些使人深思的問題，至於文字之清新流暢，則猶爲其餘事。

閱讀了這本以《大寶積經》第五十六卷爲主的譯述後，有興趣進一步探討的讀者，可將本書附錄的該經第五十五、五十六、五十七卷，及《佛説胞胎經》一齊研究。例如，大家可能比較感興趣的中有入胎，第五十六

卷說：「父母及子有相感業方入母胎。又彼中有欲入胎時，心即顛倒。若是男者，於母生愛，於父生憎；若是女者，於父生愛，於母生憎。於過去生所造諸業，而起妄想，作邪解心……復起十種虛妄之相。」而第五十五卷則講得更強烈、更露骨：「父母和合之時，若是男者，於母生愛，於父生瞋，父流胤時，謂是己有；若是女者，於父生愛，於母生瞋，母流胤時，亦謂己有。若不起此瞋愛心者，則不受胎。」而對於前者之「十種虛妄之相」，則依有無福德，而「虛妄之相」有別。

至於第五十七卷，世尊則談出胎後的生老病死之苦，而勉勵弟子「應以正念正慧而審觀察」色受想行識等五蘊，由厭患而不染著，即得解脫，並自知解脫而作如是言：「我生已盡，梵行已立，所作已辦，不受後有。」對於較為被動，而依賴性重的難陀，世尊則以罕見的強烈語氣，加以激勵：「難陀，汝莫信我，莫隨我欲，莫依我語，莫觀我相。莫隨沙門所有見解，莫於沙門而生恭敬。莫作是語，沙門喬達摩是我大師。然而但可於我自證所得之法，獨在靜處思量觀察。常多修習隨於用心所觀之法，即於彼法觀想成就，正念而住。自為洲渚，自為歸處。法為洲渚，法為歸處。」

第五十七卷還談到有四種有情入於母胎：一、正念入住出；二、正念入住，不正念出；三、正念入，不正念住出；四、入住出皆不正念。能正念入住出的有情，

是「性愛持戒，數習善品，樂爲勝事，作諸福行，極善防護，恒思質直，不爲放逸，有大智慧，臨終無悔，即便受生。」即使臨終、入胎、住胎、出胎受諸痛苦，但都能正念不亂。要再世爲人，當取法乎上，其他三種就不必列舉了。

至於西晉竺法護所譯的《佛說胞胎經》，雖然只是後來唐譯《大寶積經》第五十七卷的前半部，但它同竺法護另譯的《修行道地經》，已提前影響了晉、南北朝、隋代的中華文化了。尤其後者對於「逼壽盡故，其人身中四百四病，前後稍至，便值多夢，而覩瑞怪，而懷驚恐」，著墨甚多，而於入胎之五陰，敍述簡明：「入於胞胎，是爲色陰；歡喜之時，爲痛樂陰；念於精時，是爲想陰；因本罪福緣得入胎，是爲行陰；神處胞中，則應識陰。如是和合，名曰五陰。尋在胎時，即得二根，意根身根也。」其所述之住胎週期變化，也甚爲扼要，當對北齊徐之才之撰著《逐月養胎方》有所影響或啓發。

因此，清代名醫張路玉認爲唐代孫思邈所轉述徐之才的養胎法，「與《大集經》脗合，求其細則受胎在母腹七日一變，展轉相成。」對於不足月而產下來，卻能長育長年者，則提出他的看法：「此各經榮養與七日之變，皆不及期，而養胎之氣仍周徧也。」依現代胚胎學的研究來說，第六個月的胎兒處於獨立生存的邊緣，這

時出胎大都會因肺的不成熟，而在數日內死亡；第七個月末，胎兒腦皮質的六層結構已可辨認出來，這時出胎，雖然死亡率很高，但已能存活了。

要是胎兒死掉，孕婦（或及其丈夫）固然傷痛，但若是有意殺胎，依《佛説長壽滅罪護諸童子陀羅尼經》來説，罪同殺阿羅漢，屬無間地獄罪。近年來由日本爲求心安而供奉嬰靈的歪風，傳來台灣，卻成爲斂財的工具。有此種情形者，可依此經殷勤懺悔，並修習十二因緣，以得清淨，再念念守護菩提心，則可免生老病死諸地獄苦。

拉雜寫來，不覺東方之既白。想起莊子曾有方生方死之説，引伸起來，也可説：睡如入胎，醒如出胎。人生數十年，可歸之於一晝夜；一晝夜也可綿延於無際。謹以此贅語爲李淑君之《佛説入胎經今釋》致賀，並盼望她在此良好的出發點上，寫出更多的好書來。

周勳男
一九九八年七月廿一日

前言

　　「講到人道生命的來源，我們要再抽出《大寶積經卷五十六》的《佛爲難陀說出家入胎經》，也就是《佛說入胎藏會》。一兩千年來，古人從來沒有把這部經當作重點來研究，大家也都沒有留意。

　　其實這是很重要的，它涉及心物一元——尤其以人爲本位的生命的大科學。同時和氣脈的變化、習氣的轉化，都有關係。一般人學佛都想超凡入聖，但是自己身心改變不了，科學性的生命來源弄不清楚，那麼不管你怎麼修道、打坐，都是白費。所以我希望在座能有同學發心，根據原文把它寫成白話；同時再配合現代醫學的資料，把它們摻和起來，對於人本位的身心科學來說，是非常有意義的事。」

　　上面是一九九四年六月間，南懷瑾老師在「身心科學」這個系列講座中，講解《入胎經》時，所作的提示。基於這個原因，筆者「困而行之」的作了這個嘗試。試著在懷師精闢的開示下，把這部《入胎經》與現代醫學結合，同時配合一部分傳統中醫的概念。

　　其中現代醫學的西醫部分，要感謝婦產科權威黃昌

發醫師所提供的資料與指導。同時感謝潘庭松先生協助圖片之處理；以及王澤平、吳美珍、周明珠、賴月英、謝錦揚諸位女士、先生，百忙中抽空代為校稿，並提出寶貴意見。

此書排版中，因緣際會，恰逢周勳男先生應香港國際文教基金會之邀，就「胎養與胎教」作專題講演。勳男先生致力於心理學研究多年，相關著作等身。融匯古今中外各家學說，相互比類發明。於近代心理學領域中，獨樹風格。承其俯允，將「胎教與胎養」講稿賜下，以光篇幅，實為讀者之幸。又蒙其不棄，為序勉勵，在此一併致謝。

在這個嶄新的嘗試中，個人覺得受益不少。慚愧的是，由於在修證，以及醫學方面的宥限，書中的不足之處，全由筆者自負其責；同時冀望高明不吝賜予指正，藉收拋磚引玉之效，則更為所盼，是為幸甚！

佛說入胎經今釋

緣　起

如是我聞。一時，薄伽梵(註)在劫比羅城多根樹園，與大苾芻眾無量人俱。

爾時世尊有弟，名曰難陀。身如金色，具三十相，短佛四指。妻名孫陀羅，儀容端正，世間罕有，光華超絕，人所樂見。難陀於彼纏綿戀著，無暫捨離。染愛情重，畢命為期。

（註）　梵文 Bhagavat 的譯音，又譯為薄伽婆。就是中文「世尊」的意思。

釋迦牟尼佛有個弟弟，名叫難陀。從小，在哥哥耀眼的光輝下，他沒有引起太多的矚目。事實上，他也是一表人材，那古銅色而泛著光澤的肌膚，襯托著端正的五官、挺拔的英姿，比釋迦牟尼佛高昂的身軀略矮三吋，只要不和那長得無懈可擊的世尊站在一起，任誰都要打心底讚上一聲，好個美男子。

至於他的夫人孫陀羅，是全國聞名的絕色美女，不論她在那裡露面，總是吸引了數不清的人，想要一睹那千嬌百媚的風姿。

夫妻兩人纏綿緋惻，恩愛逾常，相互許下了生生世世、永結連理的誓言。

・光中化緣癡情子・

　　世尊觀知受化時至，即於晨朝，著衣持鉢。將具壽(註)阿難陀為侍者，入城乞食。次至難陀門首而立，以大悲力放金色光。其光普照難陀宅中，皆如金色。

　　于時難陀便作是念：「光明忽照，定是如來。」令使出看，乃見佛至。即便速返，白難陀曰：「世尊在門。」聞此語已，即欲速出，迎禮世尊。

　　（註）　年長的出家比丘稱呼年輕的出家比丘為「具壽」；
　　　　　　年輕的出家比丘稱呼年長的出家比丘為「大德」。

　　一個鳥語花香的季節，佛在劫比羅城的多根樹園裡，帶領著一大群的出家弟子們修行。世尊知道這個弟弟的出家因緣差不多到了。

　　於是第二天大清早，就披上袈裟，拿著鉢盂，叫了個年輕和尚，原本是他堂弟的阿難，一道去城裡乞食。

　　走到難陀的家門口，釋迦牟尼佛停了下來，無限慈悲的，放出金光。頓時，難陀的家中，不可思議的就籠

罩在一片祥和燦爛的金光裡。

正在屋裡和孫陀羅卿卿我我的難陀，忽然看到這神奇的瑞相，心想，一定是成了佛的哥哥來了。興沖沖的趕緊起身，一邊忙著披上衣服，一邊吩咐僕人快去看個究竟。僕人趕到門口，果然見到世尊慈祥肅穆的站在一片光中。匆匆的行了禮，又趕緊跑回屋裡通報主人。難陀一聽，滿心歡喜的，就要趕著出外迎接。

時孫陀羅便作是念：「我若放去，世尊必定與其出家。」遂捉衣牽不令出去。難陀曰：「今可暫放。禮世尊已，我即卻迴。」孫陀羅曰：「共作要期，方隨意去。」以莊溼額，而告之曰：「此點未乾，即宜卻至。若遲違者，罰金錢五百。」

孫陀羅眼見出家成道的世尊，竟然來到家門口，施展神通，放出金光；而自己丈夫對這位兄長，又如此傾倒。一股不安的直覺湧上心頭，丈夫這麼一去，多半要被拐了出家。如膠似漆的恩愛，怎麼割捨得下。一陣心酸，禁不住的，淚水就如雨而下。哭哭啼啼的，怎麼也不放難陀出去。

　　難陀被嬌妻哭得不忍，忙不迭的好言寬慰著說：「你不要擔心，出家成道的哥哥難得光臨，我總得出去接駕。行了禮，馬上回來，絕不耽擱。」一邊說著，一邊溫存的為孫陀羅擦拭滿臉的淚水。

　　孫陀羅這才勉強放開了難陀，拿起自己的胭脂膏，點了一滴在難陀的額上。半是憂慮，半是嬌嗔的說：「既然你這麼說，我就依了你。可是不許你和他多說話，這點胭脂沒乾之前，你就得回來。如果耽擱了，要罰你五百錢。」

・此情可待成追憶・

　　難陀曰：「可爾。」即至門首，頂禮佛足。取如來鉢，卻入宅中，盛滿美食，持至門首。世尊遂去。即與阿難陀。世尊現相，不令取鉢。如來大師威嚴尊重，不敢喚住，復更授與阿難陀。

　　阿難陀問曰：「汝向誰邊，取得此鉢？」答曰：「於佛邊取。」阿難陀曰：「宜授與佛。」答曰：「我今不敢輕觸大師。」默然隨去。

　　對嬌妻的約法，滿口應承下來，然後忙不迭的趕到門口，見到久未晤面，已得大成就的兄長——釋迦牟尼佛，正安祥肅穆的站在一片光中。難陀情不自禁，畢恭畢敬的跪了下去，照印度當時禮拜出家人的規矩，頂禮了世尊。然後起身，接過世尊手中的鉢盂，三步併作兩步的跑回屋裡，盛了滿滿一鉢，最精緻可口的飯菜。為了趕在胭脂没乾之前，回去向嬌妻報到，又連走帶跑的捧到門口。正要恭恭敬敬的送到世尊手上，世尊忽的一轉身，邁開步子走了。

　　難陀弄不清怎麼回事，愣住了。好在看見出家的堂弟——阿難還站在門口，趕緊把這一鉢盂豐盛的飯菜，往阿難手裡送去。

　　已經轉身過去的世尊知道了，又運用隔空傳音的神通，吩咐阿難，不要接過這鉢飯菜。阿難遵照世尊的吩咐，不肯從難陀手中，接過這個鉢盂。

　　難陀急得不知如何是好，很想把出家成佛的兄長叫住，問個究竟。但是懾於如來神聖肅穆的威嚴，又不敢貿然開口。情急之下，只得再一次把這鉢飯菜，求阿難收下。

　　阿難知道了世尊的心意，就問難陀：「方才你是從誰手裡，取走這個鉢盂的呢？」難陀答說：「世尊。」阿難於是說：「那就是了，你既然從他手裡拿的，照佛家規矩，你就得再親自送回他手上，這才是供養的禮

數。」

難陀急得叫苦連連：「哎呀，究竟怎麼回事啊！原本歡歡喜喜的出來見他，怎麼搞成這樣！也不知怎的，每次見到世尊，我就沒了主張。他轉身走了，我也不敢叫住，生怕冒冒失失，觸犯了他。罷了，罷了，這件事你既然幫不上忙，我也就不勉強了。」

難陀無可奈何，只好硬起頭皮，不聲不響的跟著世尊，一步一步的，就走到了多根樹園。

園子裡古樹參天，一陣陣清風，間或傳來幾聲鳥叫和蟲鳴，洋溢著一股離塵出世的氣氛。只是難陀一路苦惱著嬌妻的約法，所以對這座令人心曠神怡的道場，也就好像視若無睹。

世尊至寺，洗手足已，就座而坐。難陀持鉢以奉，世尊食已，告曰：「難陀，汝食我殘不？」答言：「我食。」佛即授與。

終於，到了寺裡。只見世尊對他還是不理不睬，自顧自的清洗了手腳，然後盤腿而坐。坐定後，這才不慌不忙的從難陀手裡接過那鉢飯菜。

難陀總算把一路捧著的這鉢飯菜交了出去，真是如

釋重負，好不痛快啊！可是不知怎的，碰到世尊，他似乎就傻了，整個人呆呆的，把鉢交給世尊後，他就這麼愣在原地站著。

　　過了一會兒，釋迦牟尼佛吃好了，鉢裡還剩了些飯菜，他就轉過頭問身邊的難陀：「你吃不吃這些剩下的？」難陀一聽，忙不迭的回說：「吃，吃。」恭恭敬敬的把鉢捧了過來。裡面的飯菜早就冷了，心裡又焦慮的牽掛著孫陀羅。可憐的難陀，根本食不知味，就胡亂把那些剩菜剩飯，三口兩口的塞進肚裡。

・無可奈何髮落去・

　　難陀食已，世尊告曰：「汝能出家不？」答言：「出家。」「然佛世尊昔行菩薩道時，於父母師長及餘尊者所有教令，曾無違逆。故得今時，言無違者。」即告阿難陀曰：「汝與難陀剃除鬚髮。」答曰：「如世尊教。」

　　世尊等難陀把飯吃完了，就問他：「你能不能出家呢？」這突如其來的一問，問得難陀一頭霧水。自己正

要回家，怎麼問起出家？他錯愕茫然的朝世尊望去，只見這位成佛的尊長，洋溢著一片肅穆祥和的氣氛。沒敢多加思索，難陀隨口就說：「好，我出家。」

釋迦牟尼佛聽了，點點頭。同時讓他明白，歷來的佛祖們，還沒有成就之前，都非常努力的行菩薩道。對於父母師長的教誨，都牢記在心，不敢輕易違背。作了這番叮嚀後，就交代阿難，準備爲難陀剃度。

即覓剃髮人，為其落髮。難陀見已，告彼人曰：「汝今知不？我當不久作轉輪王。汝若輒爾剃我髮者，當截汝腕。」彼便大怖，裹收刀具，即欲辭出。

時阿難陀便往白佛，佛便自去，詣難陀處問言：「難陀，汝不出家？」答言：「出家。」是時，世尊自持瓶水，灌其頂上，淨人即剃。便作是念：「我今敬奉世尊，旦為出家，暮當歸舍。」

沒多少功夫，剃頭的師父來了，把布包解開，裡面是一樣樣剃頭的道具。難陀再也忍不住了，破口大罵的叫著，「你給我看清楚了！你知道我是誰嗎？我是王位

的繼承人，我很快就要作轉輪聖王了。你敢動我一根頭髮，小心我把你的手給砍了。」剃頭的嚇得趕緊裹起布包，衝出門口。正要跑開時，世尊來了。

原來，阿難在門口聽到難陀的叫罵，早已飛快的跑去稟報世尊。世尊沒有生氣，也沒有指責，只是平和的問難陀：「你不出家了嗎？」難陀一看到世尊，只好又硬起頭皮來說：「出家。」

釋迦牟尼佛於是親自拿起水瓶，把水倒在難陀頭上。剃頭師父這才戰戰兢兢，把難陀的頭髮剃了。

難陀坐在那裡，眼看一撮撮黑亮卷曲的頭髮掉在地上，好不懊惱。孫陀羅在家不知急成什麼樣了！怎麼辦呢？爲了對世尊的尊重，頭只好剃了。事到如今，姑且就白天出家，晚上再溜回家去吧！主意打定，就乖乖的坐在那裡落了髮。

・一進空門歸不得・

既至日晚，尋路有行。爾時，世尊於其行路，化作大坑。見已，便念孫陀羅斯成遠矣。無緣得去，我今相憶，或容致死。如其命在，至曉方行。憶孫陀羅，愁苦通夜。

好不容易捱到天黑，僧團都睡熟了，難陀終於躡手躡腳的開溜了。世尊早已知道他的打算，這時又施展神通，在他回家的路上變了一個大坑。難陀一路摸黑，到了這裡，忽然碰到這個摸不到邊，又見不到底的大坑，心想慘了，老天怎麼如此作弄人啊！和孫陀羅一別，難道就再也見不到面了嗎？

對嬌妻的掛念和焦慮，簡直無法忍受，真是五內俱焚，痛苦得好像就要死過去了。他心裡默默的念著，假如天亮時，自己還活著，到時候再回家去吧！

爾時世尊知彼意已，告阿難陀曰：「汝今宜去告彼難陀，令作知事人。」

即便往報：「世尊令爾作知事人」。問曰：「云何名為知事人？欲作何事？」答曰：「可於寺中撿校眾事」。問曰：「如何應作？」

世尊知道了他心裡的盤算，沒等天亮，就叫阿難去找難陀，叫他做寺裡的「知事人」。所謂「知事人」，也就是現在寺裡的執事。阿難照世尊的指示，果然找到了滿面愁苦的難陀。

　難陀聽了阿難的傳話，幾乎暈了過去，有氣沒力的問：「什麼是知事人？做些什麼事呢？」

　阿難告訴他：「就是在寺裡照顧一些大大小小的事。」難陀聽了，還是一頭霧水的追問：「到底做些什麼具體的事呢？」

• 一頭霧水 •

　答言：「具壽，凡知事者，若諸苾芻出乞食時，應可灑掃；寺中田地，取新牛糞，次第淨塗；作意防守，勿令失落；有平章事當為白僧；若有香花，應行與眾；夜閉門戶，至曉當開；大小行處，常須洗拭；若於寺中有損壞處，即應修補。」聞是教已，答言：「大德，如佛所言，我皆當作。」

　阿難於是逐項解說，「譬如：比丘們出去乞食的時候，你就負責留守，灑掃寺廟的裡裡外外；地上如果髒了，你就拿些沒有臭味的新牛糞，把它塗抹乾淨；注意防守門戶，別把東西丟失了；如果政府方面的官員來了，記得告訴主事的比丘；如果有人供養香花，就把它

安放了供眾；晚上休息時間，關好門戶；每天清早，再
把門窗打開；大大小小的走道，經常清洗乾淨；寺裡有
損壞的地方，就趕緊修補。」

難陀聽了，實在無奈，只好說：「大德，既然是佛
的吩咐，我一定照辦。」於是又拖著千斤沉重的步子，
隨著阿難，回到寺裡。

時諸苾芻，於小食時，執持衣鉢，入劫
比羅城為行乞食。于時，難陀見寺無人，便
作是念：「我掃地了，即可還家。」遂便掃
地。

當時，正是早餐時候。寺裡的比丘們，都披了袈
裟，拿著鉢盂，到城裡乞食去了。

難陀一看，四下無人，好不開心！心想，只要把地
掃乾淨了，就趕緊溜回家去吧！於是拿起掃把，飛快的
掃起地來。

世尊觀知，以神通力，令掃淨處糞穢還
滿。復作是念：「我除糞穢，方可言歸。」

放箒收持，糞穢無盡。復作是念：「閉戶而去。」世尊即令閉一房竟，更閉餘戶，彼戶便開。遂生憂惱。

世尊在定中觀察著，心念一動，難陀剛掃過的地，就又堆滿了糞便垃圾。難陀來不及多想，趕緊又再清理這些新冒出來的垃圾。那裡想到，剛清理好，回轉身，又是一堆。急急忙忙，掃過來，掃過去，卻怎麼也清理不完。莫可奈何，又氣急敗壞，只好把心一橫，想到，乾脆把門關了，趁著寺裡沒人，趕緊溜回家去吧！

想到這裡，掃把一扔。快步跑去把房門關好，再轉身去關另一扇房門。奇怪了，前面剛關好的房門又開了。趕緊，再回頭跑去關那扇房門。這麼跑過來，跑過去，房門卻怎麼也沒辦法關好。只見難陀前前後後，跑得滿頭大汗，急得不知如何是好。

復作是念：「縱賊損寺，此亦何傷？我當為王，更作百千好寺，倍過於是。我宜歸舍。若行大路，恐見世尊。」作是思量，即趣小徑。

　　忽的念頭一轉，他想到：「我很快就登王位了。縱使現在開溜，寺廟被搶了，或者被破壞了，等我做了國王，再修上百座、千座更好的賠他，總説得過去了。」

　　想到這裡，好不快活，終於可以放心的開溜了。急急忙忙，大踏步的出了寺廟。走大路嘛，好走些，但是恐怕遇上世尊。想想，還是繞道小路吧！

　　一路上，連走帶跑，滿腦子盤旋的，都是他那嬌妻孫陀羅。一會兒想著，孫陀羅現在到底怎樣了？肯定和自己一樣，正萬分痛苦的，忍受著離別的煎熬吧！一會兒又想著，嬌妻看到自己終於回來了，又會怎麼樣呢？多半要投進懷裡痛哭一場吧！自己可要好好溫存賠禮，爲孫陀羅撫去所有因離別而起的創傷。

　　佛知其念，從小道來。既遙見佛，不欲相遇。路傍有樹，枝蔭低垂，即於其下，隱身而住。佛令其樹舉枝高上，其身露現。佛問難陀：「汝何處來？可隨我去。」情生羞恥，從佛而行。

　　正在想入非非，纏綿悱惻之際，小路的盡頭忽然出現一尊熟悉的身影。糟了！那不是世尊嗎？哎呀！冤家

路窄啊！佛陀正朝著他，迎面走來。

原來，世尊始終注意著難陀的起心動念。眼看難陀想盡辦法的要跑回家，只好親自現身，當面攔截了。

難陀一見，忙不迭的往路邊的林子裡鑽。恰好有株枝葉低垂，而且茂盛的大樹，他大氣不敢出的，就躲到這叢枝葉後面。

沒一會兒功夫，佛陀走到這棵大樹的旁邊。心念一動，垂到地面的枝葉，忽的往上舉了起來。蹲在那兒的難陀再也躲不住了，窘得只想有個地洞好往裡鑽。

佛陀望著滿臉脹得通紅的難陀，沒有任何責難，只是心平氣和的問：「你這是從那兒來呢？你既然出來了，就跟著我去走走吧！」

佛作是念：「此於其婦深生戀著，宜令捨離。」為引接故，出劫比羅城，詣室羅伐。既至彼已，住毘舍佉鹿子母園。

佛念難陀愚癡染惑，尚憶其妻，愛情不捨。應作方便，令心止息，即告之曰：「汝先曾見香醉山不？」答言：「未見」。「若如是者，捉我衣角。」即就捉衣。

　　眼看這個弟弟對妻子癡迷到這個地步，佛陀想著，要怎麼樣接引，才能讓他徹底的放下呢？

　　這麼一路想著，就出了劫比羅城，來到室羅伐的毗舍佉鹿子母園。主意有了，於是佛陀停下腳步，問身邊的難陀：「你到過香醉山沒有？」難陀答：「沒有。」佛陀笑瞇瞇的說：「好，那麼你抓住我的衣角，我帶你走一趟。」

・欲海情天又一轉・

　　于時，世尊猶如鵝王，上昇虛空，至香醉山。將引難陀，左右顧盼。於果樹下見雌獼猴，又無一目，即便舉面直視世尊。

　　佛告難陀曰：「汝見此瞎獼猴不？」白佛言：「見」。佛言：「於汝意云何？此瞎獼猴比孫陀羅，誰為殊勝？」答言：「彼孫陀羅是釋迦種，猶如天女。儀容第一，舉世無雙。獼猴比之，千萬億分不及其一。」

　　難陀照世尊所說，抓住了他的衣角。只見世尊就如鵝王似的，翩然飛起，翱翔在青山白雲之間。難陀訝異

著，欣喜的，隨著世尊飛翔在浩瀚無涯的虛空。只見鹿子母園越來越小，越來越遠。所有塵世的煩惱纏綿，似乎也都隨之遠去了。

不一會兒功夫，到了香氣襲人，花木扶疏的香醉山。難陀但覺耳目一新，四處瀏覽著宜人的景觀。這時，一株果樹下，有隻瞎了一隻眼的母猴，正朝世尊這裡望著。

世尊慈祥的問難陀：「你看到那隻瞎猴子嗎？」難陀點頭說：「嗯，看到了。」世尊接著問：「你覺得她長得怎麼樣？比孫陀羅，那個漂亮呢？」難陀聽了，啼笑皆非的說：「這怎麼比啊！孫陀羅是高貴的釋迦種姓，貌似天仙，儀態萬千，實在是一代佳人。您怎麼拿這隻瞎猴子來比呢？您如果一定要問的話，那麼這隻瞎猴子實在連孫陀羅的千萬億分之一都不如啊！」

　　佛言：「汝見天宮不？」答言：「未見。」「可更捉衣角。」即便執衣，還若鵝王，上虛空界，至三十三天。告難陀曰：「汝可觀望天宮勝處。」

　　難陀即往歡喜園、麁身園、妺身園、交合園、圓生樹、善法堂，如是等處。諸天苑

園、花果、浴池、遊戲之處，殊勝歡娛，悉皆遍察。次入善見城中，復見種種鼓樂絲竹微妙音聲。廊宇疏通，床帷映設。處處皆有天妙婇女，共相娛樂。

　　佛陀聽了笑笑，接著問：「你到過天宮嗎？」難陀搖頭說：「沒有。」於是佛陀又囑咐他，捉好了衣角。隨即，難陀又像方才那樣，隨著世尊飛了起來，真是好不快活。正飛得過癮時，到了三十三天。

　　世尊對看得目瞪口呆的難陀說：「這裡有不少美妙的景觀，你不妨四處去走走看看。」

　　有了世尊這番話，難陀喜不勝收的各處逛去。一路瀏覽了歡喜園、婇身園、麁身園、交合園、圓生樹、善法堂等處。只見天上這些園林裡，盡是些奇花珍果；一處處天然的浴池，清澈見底，掩映在花木扶疏的園林裡；天人天女們無憂無慮的玩樂著；真是滿目春光，實在讓人陶醉而流連忘返。

　　出了這片園林，難陀進入了善見城。只聽仙樂飄飄，正是此曲只應天上有，人間那得幾回聞。其中的宮殿、迴廊，自然也是別有一番氣象。最引人遐思的，則是一處處浪漫優雅的床帳。天人天女們隨處歡樂著，享受著。

難陀遍觀，見一處所，唯有天女，而無天子。便問天女曰：「何因餘處男女雜居，受諸快樂。汝等何故，唯有女人，不見男子？」天女答曰：「世尊有弟，名曰難陀。投佛出家，專修梵行。命終之後，當生此間，我等於此相待。」

難陀聞已，踴躍歡欣，速還佛所。

其中有一處，最是不同。放眼望去，盡是一群婀娜鬈妙的天女，卻不見天子的身影。難陀忍不住好奇的問：「我看其他地方，都是天人和天女們快活的玩樂著。怎麼你們這裡只有天女，沒有天子呢？」

天女們聽了，其中有位，嫣然的笑著說：「世尊有個弟弟難陀，隨佛出家後，專志修行。命終後就會上生這裡。我和這些姐妹們，就是等著服侍他的。」原本流連不忍去的難陀一聽，樂得心花怒放，周身酥軟。既興奮，又感動的，跑回佛陀身邊。

世尊問言：「汝見諸天勝妙事不？」答言：「已見」。佛言：「汝見何事？」彼如所見，具白世尊。佛告難陀：「見天女

不？」答言：「已見。」「此諸天女比孫陀羅，誰為殊妙？」白言：「世尊，以孫陀羅比此天女，還如香醉山內，以瞎獼猴比孫陀羅，百千萬倍不及其一。」

佛告難陀：「修淨行者，有斯勝利。汝今宜可堅修梵行，當得生天，受斯快樂。」聞已歡喜，默然而住。爾時世尊便與難陀，即於天没，至逝多林(註)。是時難陀思慕天宮，而修梵行。

（註）　舊稱祇陀林，或者祇洹林。原本是逝多太子的園林，所以稱為逝多林。後為須達長者（又稱給孤獨長者）買下，建了精舍獻給佛陀，所以又稱為祇洹精舍。

這時候，世尊仍在原地安逸的坐著。看到歡欣雀躍的難陀，笑著問他：「你看到了那些殊勝美妙的景觀了吧？」難陀興高采烈的，把所看到的，一一說了出來。佛陀接著問他：「那些天女比起孫陀羅，究竟那個漂亮呢？」難陀一聽，毫不遲疑，大搖其頭的說：「唉呀，孫陀羅比起那些天女，簡直就像那隻瞎獼猴了。實在是百千萬分之一都不如啊！」

佛陀聽了，笑嘻嘻的對難陀說：「你看，清修梵行

就會有這等好處。現在你該知道，我不是無緣無故的，把你騙來出家的吧！只要你堅定信心，好好修行，將來就能升天，享受無比的歡樂。」難陀聽了，好不快活，終於心悅誠服的，願意隨佛出家了。

於是世尊帶著難陀，離開天宮，回到了他們清修的道場。從此，難陀思念著天堂的美妙，開始努力認真的修行了。

· 一樣梵行兩樣情 ·

佛知其意，告阿難陀曰：「汝今可去告諸苾芻，不得一人與難陀同座而坐，不得同處經行，不得一竿置衣，不得一處安鉢及著水瓶，不得同處讀誦經典。」阿難陀傳佛言教，告諸苾芻。苾芻奉行，皆如聖旨。是時難陀既見諸人不共同聚，極生羞愧。

佛陀知道難陀的心思，於是找來阿難，讓他轉告各個比丘，不要和難陀同座而坐，不要和他同處經行，也不要跟他同竿曬衣服、同處放鉢盂、取水，甚至不要和他同處讀誦經典。比丘們聽了，如奉聖旨般的依教而

行。

　一向被人奉承慣了的難陀，如今每個人對他都不理不睬，甚至刻意的迴避，實在是既難過又難堪。

　　後於一時，阿難陀與諸苾芻，在供侍堂中縫補衣服。難陀見已，便作是念：「此諸苾芻咸棄於我，不同一處。此阿難陀既是我弟，豈可相嫌？」即去同坐，時阿難陀速即起避。彼言：「阿難陀，諸餘苾芻事容見棄，汝是我弟，何乃亦嫌？」阿難陀曰：「誠有斯理，然仁行別道，我遵異路，是故相避。」答曰：「何謂我道？云何爾路？」答曰：「仁樂生天，而修梵行；我求圓寂，而除欲染。」聞是語已，倍加憂感。

　　有一天，阿難和一些比丘們在供侍堂裡縫補衣服。難陀看到了，頓時溫暖起來。心想，這些比丘們嫌棄我，不理我；阿難是我堂弟，他總不會嫌我。被人冷落多時的難陀，總算見到了親人，好生寬慰的朝供養堂走去，坐到阿難身邊。

　　沒想到阿難沒等難陀坐下，也忙不迭的走開來。這

時，難陀再也忍不住了，埋怨著：「這些比丘們沒緣沒故的不理我，也就罷了！你是我弟弟，怎麼也躲著我？你們這是怎麼回事啊！」

阿難說：「不錯，你是我哥哥。可是我們現在卻是各走各的，我們並非同道啊！所以你過來，我就走開，這是很自然的，並不足怪，你怎麼埋怨我呢？」

難陀沒好氣的說：「你們把我從宮殿裡弄出來，跟著你們住破廟，去托鉢，又打坐，又熬腿的。我都跟著你們做了，現在卻說什麼各走的路，這算那門子道理啊！」

阿難不急不忙的說：「事實如此啊，你爲了生天享樂，所以打坐修行；而我們是爲了涅槃清淨，所以力除欲染。我們實在是不同路啊！」難陀聽了，沒有話說，心裡比原先更爲鬱悶難過。

・生天下地緣一念・

爾時世尊知其心念，告難陀曰：「汝頗曾見捺洛迦不？」答言：「未見。」佛言：「汝可捉我衣角。」即便就執。佛便將去，往地獄中。爾時世尊在一邊立，告難陀曰：

「汝今可去觀諸地獄。」

難陀即去。先見灰河，次至劍樹糞屎火河。入彼觀察，遂見眾生受種種苦。或見以鉗拔舌，摽齒抉目；或時以鋸，剖解其身；或復以斧，斫截手足；或以矛矟錐身；或以棒打稍刺；或以鐵鎚粉碎；或以鎔銅灌口；或上刀山劍樹，碓搗石磨，銅柱鐵床，受諸極苦；或見鐵鑊，猛火沸騰，熱焰洪流，煮有情類。

難陀的起心動念，始終都在佛陀的觀照中。這時候，佛陀就問他：「你見過捺洛迦（地獄）嗎？」難陀聽了，搖搖頭說：「沒有。」於是，佛陀又讓他捉住自己的衣角。一眨眼功夫，他們到了地獄。同上次去天堂時一樣，世尊叫難陀隨意四處走走。

難陀好奇的走去，首先映入眼簾的，是條灰暗的河流，隨後經過劍樹糞屎大河。洶湧的河裡滿是屎糞，河的兩岸是一株株插滿了劍刃的樹叢。一路走去，到處是慘不忍睹的酷刑。有的被鐵鉗拔舌；有的被敲落牙齒；有的被挖掉眼睛；甚至有的被鋸子割解身體；或者被斧頭砍斷手腳；被鐵鑽鑽身；還有的被帶著利刺的棒子抽打；或者被鐵鎚搥得肉飛血濺；或者被燒得滾燙的銅

漿、鐵漿，往嘴巴裡灌；有的被扔上刀山、劍樹；還有的被放在石臼裡搗得血肉模糊；有的被綁在火燙的銅柱、鐵床上；一個個被折磨得鬼哭神號著。

見如是等受苦之事。復於一鐵鑊空煮炎熱，中無有情。睹此憂惶，問獄卒曰：「何因緣故，自餘鐵鑊皆煮有情，唯此鑊中空然沸涌？」彼便報曰：「佛弟難陀，唯願生天，專修梵行，得生天上，暫受快樂。彼命終後，入此鑊中。是故我今然鑊相待。」

難陀聞已，生大恐怖。身毛皆豎，白汗流出。作如是念：「此若知我是難陀者，生又鑊中。」即便急走，詣世尊處。

難陀一路看得手腳發軟，只想儘快轉身回去。又看到一個個大鐵鍋，煮著沸騰的水，水裡翻滾著一些被煮得皮開肉綻的眾生。其中有個鐵鍋，只見水煮得沸騰，裡面卻什麼都沒有。難陀忍不住好奇的走去，問鍋邊的獄卒：「怎麼其他鍋子裡都煮著一些受報的眾生，唯獨這個鍋子，卻只有水在翻滾著，裡面什麼都沒有呢？」

獄卒聽了，面無表情的說：「釋迦牟尼佛有個弟

弟，叫難陀。他出家後，爲了生天的福報，努力的修行
打坐。等他將來升了天，享受過天堂的欲樂之後，就要
下到這滾水裡受報了。時間過得很快，要不了多久，他
就會來了。所以我們在這裡把水煮滾了等他。」

難陀聽了，嚇得渾身冷汗，想著：「如果他們知道
我就是難陀，很可能現在就把我往鍋裡扔了。」想到這
裡，禁不住兩腳發軟，拚了命的往回跑去。

　　佛言：「汝見地獄不？」難陀悲泣雨
淚，哽咽而言，出微細聲白言：「已見。」
佛言：「汝見何物？」即如所見，具白世
尊。佛告難陀：「或願人間，或求天上，勤
修梵行，有如是過。是故汝今當求涅槃，以
修梵行。勿樂生天，而致勤苦。」難陀聞
已，情懷愧恥，默無所對。

　　爾時世尊知其意已，從地獄出。至逝多
林，即告難陀及諸苾芻曰：「內有三垢，謂
是婬欲、瞋恚、愚癡。是可棄捨，是應遠
離，法當修學」。

　　回到世尊身邊，世尊照例問他，看到了些什麼。難陀還沒開口，已經淚如雨下，泣不成聲了。哽哽咽咽的，把所看到的說了出來。

　　佛陀聽了，慈祥的說：「難陀啊，你出家修行，不論是爲了人世的功名富貴，或者是爲了天上的欲樂享受，都會受到這樣嚴重的果報。所以，今後你要好好發心，立志做到清淨圓明，千萬不要再貪求生天的欲樂了。」

　　難陀聽了，慚愧得說不出話來。

　　佛陀知道難陀徹底悔悟了，於是又把他帶出地獄。回到逝多林的祇園精舍，語重心長的對難陀以及其他在場的比丘們說：「淫欲、瞋恚、愚痴是三種根本的染污，稱爲『三毒』。這是修行人必須特別注意，並且努力去除的。」

　　從此，難陀老老實實的安下心來，規規矩矩的在逝多林開始了修行的生活。

　　爾時，世尊住逝多林未經多日。為欲隨緣化眾生故，與諸徒眾往占波國，住揭伽池邊。時彼難陀與五百苾芻，亦隨佛至往世尊所，皆禮佛足，在一面坐。

　　時佛世尊見眾坐定，告難陀曰：「我有法要，初中後善，文義巧妙。純一圓滿，清白梵行，所謂《入母胎經》。汝當諦聽。至極作意，善思念之。我今為說。」難陀言：「唯然世尊，願樂欲聞。」

　　幾天之後，為了隨緣度化，世尊前往占波國的住揭伽池邊。難陀和五百位比丘追隨同去。這些弟子們等世尊坐定後，非常虔誠的頂禮佛足，而後在世尊的身邊盤腿而坐。

　　世尊等大家坐定後，對難陀說：「我現在要講些東西，從頭到尾都很重要。裡面的內容很有意思，而且和清淨梵行有關。我要講的就是《入母胎經》，生命進入母胎的經過，以及在母體裡面的成長變化。難陀，這些主要是為你而講，你要好好用心聽啊！」

　　難陀誠誠懇懇的說：「是。我一定好好用心的聽。」

入胎與不入胎

期水的奧妙
不能入胎 面面觀
入胎風情

佛告難陀：雖有母胎，有入不入。云何
受生入母胎中？

佛陀開始說了：「雖然有個母體，但是有時候能夠
懷孕受胎，有時候不能。究竟怎麼樣才能進入母體受胎
呢？」

若父母染心，共為婬愛，其母腹淨，月
期時至，中蘊現前。當知爾時，名入母胎。

「腹淨」，指的是經期過後，而母體的生殖器官又
沒有感染，也沒有其他疾病的狀態。

「月期」，給人的第一印象是月經，事實上它指的
是每個月的排卵期。後面，我們還會作詳細說明。

「中蘊」，就是所謂的中陰身，又叫中有身。六道
中任何一道的生命結束後，還沒有再轉生到六道中的任
何一道時，這一段的生命狀態統稱為中陰身。

現在，我們看一下這段經文。它說，假使女性的經

期過了，又正好是排卵期，這個時候，父母兩人動了情慾，進行房事，而準備投胎的中陰身恰好現前，這就入胎了。

講了入胎的大原則後，釋迦牟尼佛接著對中陰身又作了些介紹。

> 此中蘊形，有其二種。一者形色端正，二者容貌醜陋。

> 地獄中有，容貌醜陋，如燒杌木；傍生中有，其色如煙；餓鬼中有，其色如水；人天中有，形如金色；色界中有，形色鮮白；無色界天元無中有，以無色故。

中陰身的相貌大致分爲兩大類：一種形色端正；一種容貌醜陋，有時候就像燒焦了的扭曲的木頭似的。

如果是墮爲畜牲的中陰身，則經常像水腫似的；轉生人道、天道的中陰身，往往帶著金黃色的光；至於上升色界天的中陰身，就非常鮮白；如果上生再高層的無色界天，它的中陰身就看不到了，因爲無色界本來就是沒有形相的。

中蘊有情，或有二手二足，或四足多足，或復無足。隨其先業，應託生處，所感中有，即如彼形。

這些中陰身，有的是兩隻手、兩隻腳；有的是四隻腳，或者很多的腳；也有的是沒有腳。隨著每個生命先前所造的業因，應該轉生到那個業道，這個中陰身就會呈現那個業道的生命的影相。

若天中有，頭便向上；人、傍生、鬼，橫行而去；地獄中有，頭直向下。

如果因善業所感，轉生天上，中陰身就頭朝上的上升而去；如果轉生為人，或者畜牲，或者餓鬼，這些中陰身就橫身而去；如果下墮地獄，中陰身就頭朝下的向下而去。

凡諸中有，皆具神通(註)，乘空而去。猶如天眼，遠觀生處。言月期至者，謂納胎時。

（註）　指中陰身的相似神通。由於業力所限，不能完全自
主。有時自然呈現，有時不起作用，所以和修煉所
得的神通不同。嚴格說，只有成了佛，得了第六通
──漏盡通，才算是眞正的神通。沒有得漏盡通之
前，即使修煉而得的天眼通、天耳通、他心通、宿
命通、神足通等，都只能算是五種通力，或者簡稱
爲五通。
此處譯爲「神通」，是方便說法。

不論那一種中陰身，它們都有通力，隨著業力所
感，乘空而去。絲毫不受山河大地，或者房屋牆壁等有
形物質的阻隔。

它們同時具備了如天眼般的特異功能，即使相隔萬
里，也能感應到跟自己有緣的一些受胎機會。因此，如
果有個女人的排卵期到了，她身邊就會湧集著來自各
地，等著入胎的中陰身。

・期水的奧妙・

難陀，有諸女人，或經三日，或經五
日、半月、一月，或有待緣，經久，期水方
至。

　　這裡所謂的「期水」，相當於現代西醫所謂週期性
分泌的女性荷爾蒙。不論卵巢的排卵，或者排卵後子宮
的受孕準備，都受體內性荷爾蒙的影響。

　　我們知道，荷爾蒙（Horomone）又稱爲激素，或
者內分泌素。是一種分泌物，也可以説是一種體液。由
一些無導管的腺體分泌，直接進入血液，流經全身，能
夠控制並調節各器官的生長及功能。這是現代醫學近百
年才有的發現。

　　兩千五百年前，釋迦牟尼佛當然不會用現代醫學的
術語，但是他提出了「期水」這個名詞。其中的
「水」，正好符合了現代醫學中荷爾蒙的液體狀態；至
於「期水」兩個字裡的另一個字——「期」，則恰恰點
出了女性荷爾蒙的「週期性」變化。

　　簡簡單單的「期水」兩個字，如此精要的詮釋荷爾
蒙這個受孕的關鍵。我想，不僅中醫，即使西醫從業人
員，也要對此嘆爲觀止了。

　　爲了解釋上面這段有關「期水」的經文，爲了對影
響受孕的荷爾蒙有比較詳細的認識，我們先看看目前西
醫對母體受孕的一些研究成果。

一　卵子

　　我們知道，胎兒由受精卵發育而成。所以，首先讓
我們看看卵子。

　　每個女嬰出生時，卵巢內有好幾百萬個原始卵巢濾泡（Primary Follicle），簡稱卵泡。以後部分會退化，到青春期開始時，大約還有三十萬至四十萬個。到了女子停經期，就只剩下寥寥可數的幾個卵泡了。

　　女性在發育成熟，能夠生育的期間，每個月經週期，都有十數個卵泡同時增長。它們生長、發育的程度不同。每個週期中，通常只有一個卵子發育成熟；有時，也有兩個或兩個以上的卵子同時成熟。

二　女性荷爾蒙

　　除了卵子，另外一個受孕的主要關鍵，就是女性荷爾蒙。如果只有卵子，而女性荷爾蒙分泌不足的話，那麼我們也只有望卵興嘆了，因為它是不可能受孕的。

　　「荷爾蒙」是照英文（Hormone）翻音過來的用詞。它的中文意譯，又叫「激素」。女性荷爾蒙是一個統稱，它包含了幾種不同作用的荷爾蒙。分別促使卵子成熟；子宮受孕；以及第二性徵的發育。

　　為了對這本經裡的「期水」與受孕的關鍵，有比較透徹的認識，我們有必要對女性荷爾蒙作個大概的介紹。它的分泌，大致可以劃分為兩個時期。

　　㈠　卵泡期（Follicular Phase）：這時期所分泌的荷爾蒙，主要功能是促使卵子成熟。

每個月月經期過後，腦下垂體前葉分泌濾泡刺激素（Follicular Stimulating Hormone 簡稱 FSH）。這種荷爾蒙經腦下垂體分泌後，直接進入血液，促使卵巢內卵濾泡的生長和發育。

當卵濾泡生長發育時，卵巢又分泌一種荷爾蒙，叫做雌激素（Estrogen）。同樣的，也是直接進入血液循環，進而促使子宮內膜增厚，子宮壁的腺體和微血管的數目也同時增加。

㈡　黃體期（Lutein Phase）：這個時期所分泌的荷爾蒙，主要功能是使子宮適於受孕。

大約每個月經週期的第十四天左右，也就是排卵之後，腦下垂體前葉又分泌一種女性荷爾蒙，叫黃體生成激素（Luteinizing Hormone 簡稱 LH）。這種荷爾蒙直接進入血液，刺激卵濾泡中黃體（Lutein）的增長。這時候卵巢則分泌出第二種的卵巢荷爾蒙，這就是妊娠激素，又稱為黃體素（Progesterone）。

黃體素配合前一段時期，也是由卵巢分泌出來的雌激素，在子宮內膜相互爭競，使子宮內膜更加增厚，腺體和微血管的數目更加增多，子宮腔腺素的分泌也隨著增加。於是，這時子宮內膜更厚、更軟、更溫潤，血液供應更豐富。為受精卵的著床，做出了溫暖、舒適而又

豐盛的準備。

三 女性月經週期

對於卵子和女性荷爾蒙有了一點概括的認識之後，我們再看看女性的月經週期。

每個月經週期大約二十八天，分成三期。

㈠ 增殖期

這個時期，卵巢內的卵泡成熟，排出卵子，釋放到子宮。所以，又稱為卵泡期。大約相當於月經期的第四至第十四天。（子宮出血作為第一天。）

卵泡成熟過程中，分泌雌激素，使上次月經後的子宮內膜修復、增生；子宮內膜血管、腺體增多。

㈡ 分泌期

大約是月經週期中的第十五天至第二十八天。這時卵巢內形成黃體，又稱黃體期。黃體分泌的妊娠激素，配合前一時期卵巢分泌的雌激素，使子宮內膜顯著增生，血管增多，腺體高度分泌。

㈢ 月經期

週期中的第一至第四天左右。如果卵子沒有受孕，黃體很快就萎縮，雌激素和妊娠激素分泌減少，於是子

宮內膜退變、脫落，血管破裂、出血，形成月經。

　　整個週期多數為一個月左右，但也有極少數的例外。有些女性每兩個月才有一次月經；也有的四十多天一個週期，甚至三個月，乃至一年才出現一次生理週期。

　　所以，在常規情況下，每個月一次月經的話，那麼在月經的第三至第五天之後，雌激素開始分泌。

　　現在讓我們回頭看看，兩千五百年前，沒有任何醫學研究儀器時，釋迦牟尼佛這一段的講話。

　　原經文說，「有諸女人，或經三日，或經五日、半月、一月，或有待緣，經久，期水方至。」

　　這段話翻譯成白話的話，那就是：有的女人或許經過三天，有的或許經過五天，也有的或許經過半個月，或者一個月，甚至不定期，過了很久，各方面條件具足了，「期水方至」，才有週期性的內分泌。

　　《入胎經》這一段，對於女性荷爾蒙與受孕的關鍵，當然不如現代醫學講得精細。但是，遠在兩千多年前，對於生命受胎的基本概念的掌握，卻讓人不得不油然起敬。

　　我們如果借用現代醫學常識，把這段經文略作引申，那就是：

　　月經經期的第三天，或者再過幾天，女性荷爾蒙又

開始週期性的分泌。但也有例外，或許經期的半個月之後，或者一個月之後，或者要經過很久，女性荷爾蒙才再度分泌。

下面佛繼續説：

　　若有女人，身無威勢，多受辛苦，形容醜陋，無好飲食，月期雖來，速當止息。猶如乾地，灑水之時，即便易燥。

「身無威勢」，什麼意思呢？中國古時候，宦官被割去生殖器，叫做「去勢」。在中國古文裡，「勢」有時也象徵著性能力；如果用現代話來説，也可以説是第二性徵的態勢。

一個女性，如果女性荷爾蒙不足，那麼第二性徵的發育就會受到影響，胸部平坦、臀部窄小。看起來，就顯得女性的氣勢不足，這就是「身無威勢」。

如果一個女性的女性荷爾蒙不足，而相對的，男性荷爾蒙偏高，那麼她的皮膚很可能會顯得粗糙，臉上甚至會長出鬍鬚，體毛也比較多，骨骼粗大，甚至有喉結，聲音往往也顯得比較粗闊。總之，缺乏女性原有的柔潤之美，所以經文這裡説她「形容醜陋」。

　由於內分泌系統不是維繫生命的最主要的器官，所以，一旦我們面臨外在的刺激或壓力，這個系統最先受到影響，甚至於關閉。因此，如果一個女性過度辛勞，或者極度的營養不良，女性荷爾蒙都會受到影響，而分泌減少。所以說「月期雖來，速當止息。」這個「月期」，指的就是就是週期性分泌的女性荷爾蒙。雖然有分泌，但是很快就停止了。「猶如乾地，灑水之時，即便易燥。」就好像一塊乾燥的土地，即使灑了一點水，很快就又乾了。

　若有女人，身有威勢，常受安樂，儀容端正，得好飲食，所有月期，不速止息。猶如潤地，水灑之時，即便難燥。

　相反的，如果一個女人，「身有威勢」，女性荷爾蒙充足，「常受安樂」，生活環境以及心理狀態，都很舒適、快樂。「儀容端正」，長得健康飽滿。「得好飲食」，營養充足。那麼「所有月期，不速止息」，女性荷爾蒙充足，不會分泌一點就停止。「猶如潤地，水灑之時，即便難燥。」就好像一片潤澤的土地，水灑在上面，不會馬上乾掉。

釋迦牟尼佛把決定生育的最關鍵的因素——女性荷爾蒙，作了大概的介紹。然後又不厭其詳，繼續敘述不能受孕的另外一些狀況。

・不能入胎面面觀・

云何不入？

怎麼樣不能入胎呢？
佛經上所謂的入胎，就是現代醫學術語的受孕。

父精出時，母精不出。

這裡的「母精」，是指母體的卵子。父親射了精，釋放了精子，而母親當時沒有排卵，或者體內根本沒有卵子。

母精出時，父精不出。

　　所謂「父精不出」，用現代醫學語言加以解釋的話，有下列幾種狀況：

　　1.　陽萎，性無能，不能勃起，也無法正常射精。

　　2.　雖然射精，但精液中精子的濃度不夠。

　　3.　雖然射精，但精液中沒有精子。

　　遇到這幾種狀況，即使母體排了卵，仍然不會受孕。

　　　若俱不出，皆不受胎。

　　當然，如果男性沒有射精，或者精子的濃度不夠，或者根本沒有精子，而女性又沒有排卵，那麼就更不可能受孕了。

　　　若母不淨，父淨；若父不淨，母淨；若俱不淨，亦不受胎。

　　這裡的「不淨」，主要是指生殖器官的各種感染，或者疾病。

　　如果父親方面健康無病，而母親方面有感染；或者

母親方面健康無病，而父親有感染；或者父母雙方都有毛病；那麼就不能受孕。照現代醫學論據，這種情況下即使受孕，嬰兒也很可能會因而導致先天性的各種缺陷。

若母陰處，為風病所持；或有黃病痰癊；或有血氣胎結；或為肉增；或為服藥；或麥腹病、蟻腰病；或產門如駝口；或中如多根樹；或如犁頭；或如車轅；或如藤條；或如樹葉；或如麥芒；或腹下深；或有上深；或非胎器；或恆血出；或復水流；或如鵄口，常開不合；或上下四邊，闊狹不等；或高下凹凸；或內有蟲食，爛壞不淨；若母有此過者，並不受胎。

這一大段，是敘述婦科的各種疾病。如果母體有上面任何一種毛病，都無法受孕；即使受了孕，也會流產；或者導致胎兒其他先天性的缺陷。

這本經典是一千多年前的文字，而且又從梵文翻譯過來。當然，對這些婦科病的敘述就顯得古怪。但是我們仍然能夠透過這些文字，大略推測出這些婦科病究竟

何所指。譬如：

1.　「風病」：照中醫理論，「陰虛生風」，陰部會有非感染性的搔癢。這種情況下，所謂的「陰虛」，也就是腎水不足。照西醫說法，關係到性荷爾蒙的分泌不足。譬如停經後的婦女，有時陰部就有非感染性的搔癢。在這種女性荷爾蒙不足的陰虛情況下，當然就不可能受孕了。

2.　黃病痰瘀：黃帶。

3.　血氣胎結：相當於現在西醫所謂的「子宮內膜異位」。

4.　肉增：息肉。

5.　服藥：兩千多年前，印度或許就有避孕之類，或者墮胎之類的藥。這個「服藥」，也可能指服用藥物而引起的副作用，影響到「宮寒」，或者性荷爾蒙的分泌，以致影響到受孕。

6.　產門如駝口：這裡的產門，應指子宮口。子宮口輕度脫垂，看起來就好像駝口。

7.　如犁頭：子宮完全脫垂，看起來就像犁頭。

8.　中如多根樹：子宮肌瘤。

9.　如藤條，如樹葉：子宮肌瘤。

10.　腹下深：子宮下垂。

11.　恒出血：子宮出血。

12.　如鴟口：子宮口不合。

13. 內有蟲食，爛壞不淨：子宮頸糜爛。

其中還有些語意不十分明確的婦科病，我們就不妄加推測了。

上面是釋迦牟尼佛所講述，生理方面不能受孕的一些病癥，其中許多與現代醫學的論據脗合。

下面釋迦牟尼佛繼續敘述的，則超出了現代醫學的驗證範圍。換言之，這也是現代醫學或其他有志於身心科學的研究者，所面臨的一個挑戰——如何把生命的本質、功能，以及各種現象，加以現代科學化的驗證，並提出客觀的、數據性的報告。

生命究竟怎麼回事？

從時間而言，有沒有輪迴？

從空間而言，有沒有六道？除了肉眼所見，以及目前人類所發明的儀器所觀察到的，究竟有沒有他方世界的存在？有沒有天堂？有沒有地獄？

生命的能量是否無限？

生命的物質狀態，有可能青春永駐嗎？有可能長生不死嗎？

生從那裡來？死往那裡去？

有靈魂的存在嗎？怎麼投胎轉生的呢？這點恰好就是釋迦牟尼佛在這本經典裡所要闡述的。

現在讓我們先看看，釋迦牟尼佛對不能入胎，所作

的另一部分敘述。這些是現代醫學還無法驗證的。

　　或父母尊貴，中有卑賤；或中有尊貴，
父母卑賤。如此等類，亦不成胎。

　　或者父母是受人尊敬的，高貴的，而等著入胎的中
陰身是卑賤的；或者父母是卑賤的，而等著入胎的中陰
身卻是尊貴的。雙方的格局、運勢、因緣配合不來，那
麼就不能受孕成胎。

　　若父母及中有俱是尊貴，若業不和合，
亦不成胎。

　　又假如父母和等著入胎的中有都是尊貴的，但其他
的一些業緣配合不來。譬如，這對父母應該有孝順的孩
子，可是等著入胎的中陰身，卻是他們的冤家，不會孝
順他們，那麼，也不會入胎。

　　若其中有，於前境處，無男女二愛，亦

不受生。

如果等著入胎的中有，沒有碰到男女兩性的作愛，那麼也就無法受孕成胎。

· 入胎風情 ·

難陀，云何中有得入母胎？

那麼，中陰身怎麼樣才能進入母胎呢？

若母腹淨，中有現前，見為欲事，無如上說眾多過患，父母及子，有相感業，方入母胎。

如果母體不在月經期中，而且沒有任何婦科毛病；進行兩性關係時，正好中陰身現前；而父母雙方又都沒有上面說的各種缺陷；同時，父母和等著入胎的中陰身，又有相互對應的業緣；那麼，這個中陰身才能入胎。

又彼中有欲入胎時，心即顛倒。若是男者，於母生愛，於父生憎；若是女者，於父生愛，於母生憎。

於過去生所造諸業，而起妄想，作邪解心。

中陰身在就要入胎的時候，會產生一些顛倒的妄想。如果投胎爲男的話，那麼就對母親產生愛欲，而討厭父親；相反的，如果投胎爲女的話，就對父親產生愛欲，而厭憎母親。

由於過去多生的業緣，碰到這對男女交合時，這個中陰身就生出更進一步的邪念、妄想。

今按：

（1）　這種心理狀態的敍述，和西方佛洛依德的性心理學有相近之處。

所不同的，佛洛依德的性心理學是透過夢的解析，往前追溯到兩、三歲的嬰兒時期。認爲男嬰基於下意識的兩性關係，對母親有好感；同樣的，女嬰則基於下意識的兩性關係，對父親有好感。至於胎兒時期的心理狀態，佛洛依德，乃至整個西方心理學都還無法觸及；更不要說生命入胎前的這一段了。

　　而釋迦牟尼佛的觀察，則是透過實證的如實知、如實見而來。從生到死，從死到生的照顧到每一個環節。

　　(2)　這段經文裡，所謂「而起妄想，作邪解心」，講得非常含蓄。在其他經典，譬如《中有論》，專門敘述中陰身的變化與轉生，對這一段就講得比較具體。如果中陰身就要投胎爲女的話，這時候眼前所看到的，就是男性的生殖器；同時，這個中陰身生起了很強的欲念。緊接著，一點動隨萬變，她不再看到什麼男女的交合；強烈的欲念使得她完全投入，在她的世界裡，她已經如醉如癡的取代了原來的女主角。隨著這一念性欲，配合上父母方面的增上緣（前面說過，各種可以入胎的條件），這個遊魂似的中陰身就鑽進了娘胎，和受精卵攪在一起。生命的精神狀態，就又和物質結和在一起，又開始了一段有血、有肉的生命歷程了。

　　這就是欲界生命入胎的欲念境界，也就是分段生死開端的一念根本無明。

　　(3)　廣義來說，整個中陰身就是一團「無明」。由於無明，所以生命那股運「行」不息的動力，就處在「行陰」的境界。

　　中陰身的生命狀態，就像處在夢中。一段夢境出現，不一定持續多久，糊里糊塗，莫名其妙的又轉成另

一段夢境。這分分秒秒「奔流不止」的業氣，就由於「行陰」的滾動，配合著無始以來，「識陰」所夾帶的各種種子，而不停的流轉著。

不但中陰身，即使我們現有的這個生命，生理方面的生、老、病、死，甚而細胞的新陳代謝；乃至心理方面的思潮起伏，念頭生滅，也都受著「行陰」的籠罩和影響。打起坐來，雜念紛飛，不能靜止，不能氣住脈停，都跟它有密切的關係。

在凡夫而言，這是行陰；但是在聖人而言，卻正是「天行健，君子以自強不息」的一股奮發的動力。

所謂「因地而倒，就地而起」，經過身心修煉，跳出三界，不受這股生死業力的牽制，而能自由自在，任意往生的神通妙用，同樣也是靠這股「行」的力量的發揮。

(4)　如果配合欲界生命的「十二因緣」來說，「無明」的中陰身，緣藉「行」陰的運轉，夾雜著的「識」陰，感應到男女的交合。一刹那，幾乎同時，這個中陰身燃起了非常強烈的欲念，這也就是阿賴耶「識」，無始以來所夾帶的愛欲的種子。緊接著，由這一念種子的帶動，又渾渾噩噩的湧現出一連串，其他雜七雜八的種性。

用生命的「十二緣起」來簡單歸納的話，這一段就

是「無明緣行，行緣識」。接下來，這個生命又進入什麼境界呢？

現在讓我們看看《入胎經》下面怎麼說的：

生寒冷想，大風大雨及雲霧想，或聞大眾鬧聲。

作此想已，隨業優劣，復起十種虛妄之相。

云何為十？我今入宅，我欲登樓，我昇臺殿，我昇床座，我入草菴，我入葉舍，我入草叢，我入林內，我入牆孔，我入籬間。

這時，由於各人阿賴耶識所含藏的各種不同種子的配合，有些生出寒冷的感受；有些呈現大風、大雨的境界；也有些出現一片雲霧；或者聽到很多人的吵鬧聲。

這些境界呈現之後，為了避寒，為了躲風、躲雨，或者為了逃避喧雜的吵鬧聲，隨著各人業力的不同，馬上又出現一些虛妄的境界。譬如：

躲進屋去；走上樓去；走上樓台；坐上高位；躲進一間草屋；

躲進樹葉搭起的小棚；鑽進草叢；躲到樹林裡；鑽

進牆孔；穿入籬間。

今按：

(1) 從這段，我們可以看到，所謂「心生種種法生」。隨著男女欲「念」的起動，阿賴耶識中「色法」的種子蠢蠢將動。譬如經文上說「生寒冷想」，這就是『火大』的變化；「大風大雨，及雲霧想」，則是『風大』、『水大』的變化；「或聞大衆鬧聲」，則爲『風大』配合『地大』的變化。

所以，這一段也可以說是精神世界要轉入物質世界；精神就要跟物質結合的一個最初的臨界。

(2) 如果要更進一步探討這個問題，那就涉及《楞嚴經》所謂的「性空真火，性火真空」、「性空真風，性風真空」、「性空真水，性水真空」，以及「性空真地，性地真空」等。這是一個大問題，也是生命科學裡一個終極的核心問題。生命究竟是唯心？還是唯物？精神力量爲第一因，主導一切？或者是物質基礎爲最根本的原動力？先有心？還是先有物？心物又怎麼結合的？這些實在不是三言兩語能作交代，我們這裡暫時提出問題，以後再作討論。

這一段是中陰身入胎的關鍵處，現在讓我們回到經文，繼續看下去：

> 難陀，其時中有作此念已，即入母胎。

這些境界雖如夢幻，但是只要心念隨之而轉，神識就入了胎。

今按：

（1）隨各人業力的不同，所呈現的境界不同，受胎的果報也不同。如果境界呈現的是上樓，或者坐上高位，那就是出生好的家庭；如果在這個境界裡，進了草屋，那就很可能投生貧窮的家裡；如果是進了草叢，或者樹林，那多半就轉入畜牲道了。

（2）曾經有個修行人，有一次在坐中出了陰神，沿著齋房後面的小路，往林子裡走。一路走去，就是平常散步的小徑。再往前走去，是平常沒有進去過的地方，那裡有座房屋，大紅色的門。他看得奇怪，這個大紅門是從前一直沒見過的，到底怎麼回事？好奇的走上前去，開了紅門簾，往裡探頭一看，有個女的躺在床上，張著兩腿，正在生孩子。

這個修行人一看，陡的一驚，覺得自己太不規矩，趕緊縮回身子。裡面一個產婆模樣的婦人，看到他，笑嘻嘻的招呼他進去，他卻怎麼也不肯，急急忙忙的趕緊往回走。

這麼一急，回過神來，自己竟然在屋裡打坐。

回想方才的境界，不像一般的妄想。下了座，往屋後那片林子走去。沿著平常散步的那條小路，清清楚楚，方才出神時所走的，就是這裡。路的盡頭，擋著竹籬，平常不讓人進去的，所以他一向也不往裡走。但是由於剛才坐中的境界，實在奇怪，所以這次他就繼續往裡走。守園子的人看見，大聲叫嚷著，怎麼也不讓他進去。理論了半天，後來他把打坐中奇怪的境象說了出來，那個人總算勉強放行。進了竹籬，沿著小路繼續走，哪裡有什麼大紅門的屋子，那個地方正好是個豬圈。聽守園的人說，方才母豬生了窩小豬，其中一隻生下來就死了。

這個修行人聽到這裡，嚇得一身冷汗。修行這麼多年，差點變成了豬。要不是當時心存正念，如果對著女人的下體，動了一絲邪念；或者昏頭昏腦的，被產婆拉進房裡寒喧，那麼他就鑽進母豬肚子裡了。

這是近代人的一則公案，發生在抗戰時期。由此，我們同時想到古德大師曾經說過，修行人常入無想境界，而以此爲滿足的話，來生果報很可能會是豬。

（3）　從前述公案來看，更讓我們警惕於修行的艱難，和平常起心動念的不可輕易。所以，多年來懷師一再強調，修行最重要的，在於「心理結使」的解脫。而

般若宗的代表性經典《金剛經》，在修持方法上，也強調「善護念」的重要。

（4）至於密宗「六成就」的修法，更基於這個認識，提出了非常具體而次第分明的修證體系。第一步，是修氣修脈的「靈熱成就」，身體的氣脈修通了，這是色身方面的基礎功夫。

第二個，「幻觀成就」的修持，是心理上把所有的外境，乃至個人身心，都看成虛幻的假相。它的妙處，就在於透過這個觀法，心理結使很自然的，比較容易轉薄而轉化。

然後是第三步的「夢成就」，夜以繼日，在夢境中繼續照顧心念，使得念念清明，進而轉變心念，甚至於轉變夢境。否則，夢境都無法轉的話，生死來時，又怎麼解脫！（從佛學觀點來看，睡夢是個小生死。）嚴格説，「夢成就」之後，進而醒夢一如了，白天才真正進入如夢如幻的「幻觀成就」。

第四，是身心清淨的「淨光成就」。

有了前面這些基礎，然後才可能達到下面的「中陰身成就」；或者「頗哇成就」（轉識成就），臨終時依仗佛力、他力，往生他方佛國。

如果沒有前面那四步身、心雙方的紮實根基，單獨專心修持中陰成就或頗哇法，生死到來時要想有把握，

那是很困難的。

　經過這一步步的真修實證，生死來時才能夠做得了主。

　一般顯教攻擊密宗，認爲太重視氣脈，太執著色身。但是，從「六成就」的修證次第，我們可以看到，密宗只是以氣脈成就爲基礎；主要重心，仍然在於心性的解脫。同時，我們也可以更明確的體認到，身心的相輔相成，以及修持的不可躐等。

　　應知受生，名羯羅藍。父精母血，非是餘物。由父母精血，和合因緣，爲識所緣，依止而住。

　「羯羅藍」是梵文的翻音，又譯成「凝滑」或「父母不淨和合」，指受精卵第一個七天的階段。

　「爲識所緣」，中有的神識由於前面的動念，入了胎，與受精卵結合，這就是生命「十二緣起」中的「識緣名色」。從方才精神世界中的物理成份，進一步與物質世界結合。

「爲識所緣，依止而住。」這幾個字很有意思。我們知道，緣有四種：親因緣、所緣緣、等無間緣、增上緣。現代醫學把受精卵當成生命發育、成長的根源。但是從佛學觀點來看，這個受精卵只是「去後來先作主公」的阿賴耶識所緣的緣。

由於阿賴耶識「執藏」的特性（也是根本無明所在），就把這一小顆受精卵當成自己，「依止而住」。從此，執著著這一小塊胚胎的成長、發育，又開始了一個分段生死的過程。

古今中外，幾乎所有的人類，都把「這段生命」，認爲是神聖的，珍貴的，乃至無價的。但是，在佛的眼中看來，它只是一些因緣湊和，在某段時間、空間裡存在、變化的現象。因此，釋迦牟尼佛繼續説：

譬如依酪、瓶鑽人功，動轉不已，得有酥出，異此不生。當知父母不淨精血，羯羅藍身，亦復如是。

釋迦牟尼佛拿酥油的形成，來作比方。當時印度製造酥油，是把牛奶倒進鍋裡，然後加進一小塊乳酪，一邊煮，一邊不停的攪動，經過一段時間，把它倒進桶

裡。等它冷了，上面一層凝結的皮拿出來再提煉，就煉
出酥油。其餘的，再經過加工就成為乳酪。所以，酥油
是由鮮奶摻上乳酪，經過提煉而產生的。

原先的父精、母卵，和後來附了神識的胚胎（這裡
又稱為羯羅藍身）的關係，也是如此。這個最初期的分
段生命，就是各種因緣聚合所產生的一種現象。

復次難陀，有四譬喻，汝當善聽。如依
青草，蟲乃得生。草非是蟲，蟲非離草；然
依於草，因緣和合，蟲乃得生，身作青色。
難陀當知，父精母血，羯羅藍身亦復如是。
因緣和合，大種根生。

恐怕難陀還是不很清楚，釋迦牟尼佛接著又作幾個
比方。

首先拿草蟲作例子。那些草蟲，因為依附了青草，
才生長起來。青草並不是蟲子的生命，但是草蟲卻依賴
著青草這個助緣，才能生存。而且，由於以草為生的原
因，所以身子往往就像青草的顏色一樣。又譬如菜裡面
的小蟲，往往也是像菜一樣的顏色。

羯羅藍身和父精、母卵間的關係也是一樣，藉著父

精、母卵的因緣和合，發展出一段新的生命的四大、六根。

　　如依牛糞生蟲，糞非是蟲，蟲非離糞；然依於糞，因緣和合，蟲乃得生，身作黃色。難陀當知，父精母血，羯羅藍身，亦復如是。因緣和合，大種根生。

　　又好比牛糞生出的蟲。牛糞當然不是蟲，但是離開了牛糞，也就沒有這個蟲。必須依附牛糞，因緣湊和，才生出蟲來。這種蟲的顏色，就接近牛糞的顏色。

　　釋迦牟尼佛舉了這個例子，繼續對難陀說，父精母卵和這個小胚胎的關係，也是如此。有了父精母卵，再加上中有的神識，以及各種因緣的配合，才生出了一段新的生命。

　　如依棗生蟲，棗非是蟲，蟲非離棗。然依於棗，因緣和合，蟲乃得生，身作赤色。難陀當知，父精母血羯羅藍身，亦復如是。因緣和合，大種根生。

又譬如棗子生蟲，棗子不是蟲，但是離開了棗子，就生不出這個蟲。這種蟲的顏色，就類似棗子，是紅色的。

父精母卵和羯羅藍身的關係，也是如此，由於各種因緣的聚合，才有這一段新的生命的開始。

如依酪生蟲，身作白色。廣說乃至因緣和合，大種根生。

好比乳酪生的小白蟲，也是同樣道理。事實上，所有的生命現象，都是因緣聚會而來。

復次難陀，依父母不淨羯羅藍故，地界現前，堅鞭為性；水界現前，濕潤為性；火界現前，溫煖為性；風界現前，輕動為性。

由於胚胎是藉由父母的精子、卵子而來，所以這個新的生命就蘊藏了如同父母所有的地、水、火、風這四大的性質。

所謂地大，是堅實的生理結構。譬如骨骼、肌肉。

水大,則是濕潤的,呈現液體狀態的生理部分。譬如血液、淋巴、荷爾蒙,以及其他體液。火大,指溫暖的生理功能。譬如所呈現出的體溫。風大,則是具有輕、動特質的生理機制。主要指身體內部的氣機,同時也包括了吸入的氧氣,以及呼出的二氧化碳。

難陀,若父母不淨羯羅藍身,但有地界,無水界者,即便乾燥,悉皆分散,譬如手握乾麨灰等。

如果由受精卵而來的羯羅藍身,只有地大,而沒有水大的成份,那麼就乾燥的分散開來。好像用手握上一把乾麵粉,怎麼也捏不到一起。

若但水界,無地界者,即便離散,如油渧水。

如果只有水大,沒有地大,那麼就會流散。好比油滴在水上,怎麼也不可能凝聚起來。

由水界故，地界不散；由地界故，水界不流。

由於水大的作用，地大才能凝聚在一起；相對的，由於地大的作用，水大才不會流散。

難陀，羯羅藍身有地水界，無火界者，而便爛壞，譬如夏月，陰處肉團。

難陀，羯羅藍身但有地水火界，無風界者，即便不能增長廣大。

初期的胚胎（也就是這裡所謂的羯羅藍身），如果只有地大、水大的成份，而缺少火大的功能，它就會像夏天裡，放在陰暗處的一塊肉，很快就爛了。

如果初期的胚胎具備了地大、水大、火大等成份，但是缺少風大的話，這個胚胎就不會成長。

此等皆由先業為因，更互為緣，共相招感，識乃得生。地界能持，水界能攝，火界能熟，風界能長。

　　四大的成份、結構，乃至日後的發育、成長狀況，都由各個生命先前所造作的業因而來；而後，四大之間，乃至身心之間，又相互爲緣，相輔相成的形成了新的生命。

　　歸納來說，地大有把「持」的性能；水大有收「攝」的作用；火大能幫助發育、成「熟」；風大則促使成「長」。

　　難陀，又如有人，若彼弟子熟調沙糖，即以氣吹，令其增廣，於內虛空，猶如藕根。內身大種，地水火風，業力增長，亦復如是。

　　釋迦牟尼佛不厭其詳的，繼續爲難陀作解說。

　　他說，難陀啊，又譬如吹糖人的師徒，技術很好，很會調製糖漿，他們能用特製的糖漿吹出，裡面是中空的各種形狀的東西。就好像裡面是中空的蓮藕那樣。四大所構成的，我們這個生命，也是同樣的原理，藉著父精、母卵的物質基礎，以及自己所挾帶的業氣，相互爲緣，漸漸成長。

　難陀，非父母不淨，有羯羅藍體；亦非母腹，亦非是業，非因非緣，但由此等眾緣和會，方始有胎。

　難陀，並不是有了父精母卵，就一定會形成有生命的胚胎；也不是因爲有了子宮，就一定能孕育新的生命；同時，也不是因爲阿賴耶識挾帶了各種善業、惡業的種子，就能形成新的生命。

　一個新的生命，是必須上面所說的各種因緣湊合了，才會産生。

　如新種子，不被風日之所損壞，堅實無穴，藏舉合宜，下於良田，並有潤澤，因緣和合，方有芽莖，枝葉華果，次第增長。

　難陀，此之種子，非離緣合，芽等得生。

　譬如一顆新的種子，沒有被風吹日曬所損害，也沒有受到其他的損傷，保存得很好；把它種到一塊好地上，同時定期澆水。在各種條件的配合下，這顆種子才會發芽，長出枝葉，然後開花結果，不斷的成長。

　　總之，一顆種子如果沒有其他因緣的配合，是不會發芽的。

　　如是應知，非唯父母，非但有業及以餘緣，而胎得生。要由父母精血，因緣和合，方有胎耳。

　　由此，我們可以知道，並不是父母兩個結合，就會有新的生命；也不是有了中陰身，業識種子就能入胎；必需要父精母卵，再配合各種因緣，才會產生新的生命。

　　難陀，如明眼人，為求火故，將日光珠置於日中，以乾牛糞而置其上，方有火生。
　　如是應知，依父母精血，因緣合故，方有胎生。

　　釋迦牟尼佛這裡又拿印度當時的取火，來作比方。
　　他說，難陀啊，好比要取火的話，就要把日光珠（凸透鏡）對著陽光，放在乾的牛糞上，過一段時間，

才會生起火來。

同樣的道理，我們要知道，父精母卵還需要其他因緣的配合，才可能受孕成胎。

　　父母不淨成羯羅藍，號之為色受想行識，即是其名，說為名色。

中有的神識一旦入胎，這顆小小的受精卵已經不單純是生理細胞的組合，它同時和合著意識方面的活動。一個新的生命，在母體裡形成了。

這顆小小的胚芽，照佛法的分析、歸納，已經具備了我們這個世界的生命的五種要素：色、受、想、行、識。

在色、受、想、行、識裡面，「色」是指物質、生理部分，看得見的，譬如胚芽的細胞、組織。其餘的，「受、想、行、識」是看不見的，屬於精神、意識層面的，我們可以把它一起歸納為「名」。於是，佛法就把胚芽、胚胎這段生命，攏總叫為「名色」。也因此，中陰身入胎，進入受精卵這個過程，在「十二緣起」裡，就稱它作「識緣名色」。

現在回過頭，看前面這段原文，釋迦牟尼佛繼續對

難陀説，父精母卵所結合成的羯羅藍，具備了色、受、想、行、識這五種生命的現象與功能。色、受、想、行、識歸納起來，又可以叫它為「名色」。

　　此之蘊聚可惡，名色託生諸有，乃至少分剎那，我不讚嘆。何以故？生諸有中，是為大苦。

　　色、受、想、行、識又叫「五蘊」。「蘊」，有聚集的意思。欲界、色界的生命，是由這五種因素聚合而來。這「五蘊」裡面，包含了很多陰暗面，障礙了自性的光明，所以又叫「五陰」。

　　由於「五蘊」、「五陰」的聚合，形成了痛苦、煩惱的生命，所以這裡説「蘊聚可惡」。

　　現在我們接下來看這段原文的第二句，「名色託生諸有」。

　　這個「名色」，我們前面説了，就是「五蘊」的別名。在這篇文章裡，也就是指前面那段文字裡的「羯羅藍」，那顆小小的受精卵。那麼，什麼叫「諸有」呢？

　　佛學裡面所謂的「諸有」，是指各種不同的生命領

域。三界一共有「二十五有」。

欲界：四個惡道（地獄、畜牲、餓鬼、阿修羅），加上人道的四大洲，還有天道的六層欲界天，一共是十四有。

色界：四個禪天，加上大梵天、淨居天、無想天，一共是七有。

無色界：四空天，是四有。

加起來，一共就是二十五有。這裡面，欲界、色界的生命都是由「五蘊」所構成。至於無色界，因爲沒有形色，所以没有「色蘊」，只由「四蘊」所構成。

現在，這段原文的「名色託生諸有」，這個「諸有」，因爲對應著「名色」——也就是「五蘊」，所以它不包括「無色界」。同時，這裡的「名色」又因爲指的是上面那段的羯羅藍，所以，它所對應的「諸有」，就只限於「欲界」的各種生命，只有十四有了。

現在我們回過頭看這段原文，釋迦牟尼佛説，五蘊聚合，構成了痛苦、煩惱的生命。不管這個小小的胚芽託生到那個生命領域，福報再好，痛苦再少，我都不會有一絲一毫的歡喜、讚嘆。爲什麼呢？因爲，只要生在三界裡面，就是痛苦的。

譬如糞穢，少亦是臭。如是應知，生諸
有中，少亦名苦。

好比髒臭的糞便，即使再少量，也是臭的。同樣道
理，只要在六道中，不論生在那一界，煩惱再少，也還
是不究竟，還是沒有脫離痛苦。
為什麼這麼說呢？下面有進一步的解釋。

此五取蘊，色受想行識，皆有生住增
長，及以衰壞。

所謂「五取蘊」，也就是「五蘊」。「取」就是求
取、執著的意思。在小乘裡，「取」是「煩惱」的代名
詞；在大乘的唯識裡，「取」是「貪愛」的代名詞。總
之，執取在貪愛的煩惱中，就是「取蘊」的意思。
前面說過，生命是五蘊的組合，而五蘊之間又相互
為緣，都在生、住、增長、衰壞的變化中。

生即是苦，住即是病，增長、衰壞即是
老死。是故難陀，誰於有海，而生愛味？臥

母胎中，受斯劇苦。

　　所謂「生即是苦」，簡單說，「生」，本身就是苦。生命受了許多條件的限制，不自由，而且不圓滿；況且，既由「五取蘊」而來，所謂「有求皆苦」，除非解脫了所有結使，跳出三界，否則所有的「生」，都是痛苦的。這就是「生即是苦」。

　　所謂「住即是病」，只要這個生命存在，不論色、受、想、行、識那一蘊，都帶來許多不完美的種子。所以說「住」本身就是病，有心病，也有身病。

　　再下面，「增長、衰壞即是老死」。所謂「增長、衰壞」，用現代醫學術語，也可以說是新陳代謝。細胞、組織不斷更新，不斷成長，同時也一天天老化，一天天趨向死亡。所以莊子早就瀟灑的說了「方死方生，方生方死。」看通了這一點，對生命當然就少些貪戀，少些幻想與執著，也就少些煩惱和痛苦。只是，理論上雖然如此，事實上恐怕還是「看得破，忍不過。」就如袁太老師（煥仙）所說，「五蘊明明幻，諸緣處處癡。」

　　而釋迦牟尼佛在這裡，依然苦口婆心的說：難陀啊，弄清楚生命怎麼回事，誰還會愛戀不捨呢？更何況，一進入母胎，就受著極端痛苦的煎熬。

　　下面他就要對胎兒在母體裡的成長、變化，作更進一步的介紹。同時，我們拿現代醫學的研究報告作一對比，會發現非常有趣的類同。

　　　復次難陀，如是應知，凡入胎者，大數言之，有三十八七日。

　　這裡是就人的入胎來說，胎兒在母體裡大概經過三十八個七天。

　　這點和目前西醫的觀點，完全一致。目前胚胎學對胎兒在母體裡的變化，也是以七天爲一個區分階段。

　　如果照道家所說，「人身爲一小宇宙，宇宙爲一大人身」的話，那麼有個非常奇妙的脗合：基督教的《聖經》裡面，上帝創造世界，也是七天的過程。

　　（站在生命科學的立場，我們闡述佛法的同時，對於其他宗教文明的成就，也不妨歡喜讚嘆的代爲宣揚。其實，這也是任何一個宗教，所應有的精神與胸懷。）

胚芽的發展

第1週至第3週

第一個七天

初七日時，胎居母腹，如榍如癰，臥在
糞穢，如處鍋中。身根及識，同居一處，壯
熱煎熬，極受辛苦，名羯羅藍。

狀如粥汁，或如酪漿，於七日中，內熱
煎煮。地界堅性，水界濕性，火界煖性，風
界動性，方始現前。

第一個七天當中，胚胎在母親肚子裡，就好像一片
小木榍，又好像一個小肉瘡，躺在氣味惡臭的血肉堆
裡。它整個身子，乃至精神意識，就在這一小滴半透明
的胚芽裡。好像悶在一個不透氣的熱鍋裡，非常痛苦的
受著煎熬。

這個階段的小生命，就叫「羯羅藍」。外表看起
來，好像一滴粥，又好像一滴乳漿。

這七天裡，生理方面，地、水、火、風這四大的
「性」、「質」，開始逐漸發育。

現在讓我們看看，西醫胚胎學對這個階段所觀察的
結果：

第一天：精子與卵子混合成一個「合子」。這時仍然是單細胞。細胞核內形成二十三對染色體。(見圖一)

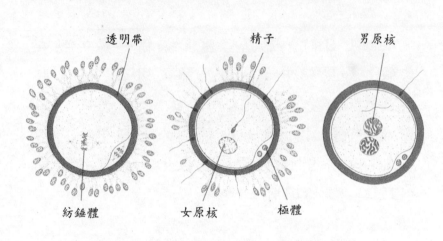

透明帶　　　精子　　　男原核

紡錘體　　　女原核　　　極體

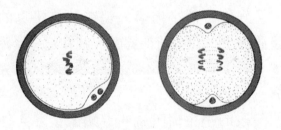

（圖一）

　　第二天：精子進入卵子三十個小時後，「合子」分裂成兩個細胞。（見圖二）　再四個小時後，「合子」分裂成四個細胞。（見圖三）

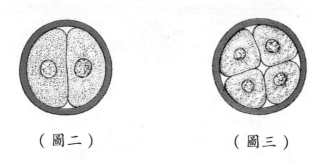

（圖二）　　　　　　　（圖三）

　　第三天：「合子」已成為一個十六個細胞的卵裂球。輪廓像一粒桑椹，所以又叫做「桑椹胚」。體積和單細胞的「合子」相等，而且還被「透明帶」圍繞著。

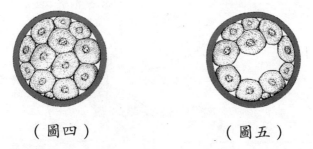

（圖四）　　　　　　　（圖五）

　　第四天：「桑椹胚」抵達子宮內腔，腔內的液體滲透過「透明帶」。「桑椹胚」的空隙逐漸變成一個泡，

叫「胚泡」。（見圖五） 很快的，「透明帶」消失，
胚泡的外表形成「滋養層」，泡內腔有一小塊增厚區，
叫「胚胎細胞群」。（見圖六）

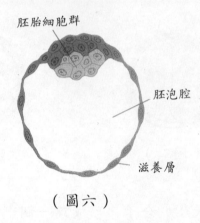

胚胎細胞群

胚泡腔

滋養層

（圖六）

第五──第六天：「胚胎細胞滋養層」黏著子宮，
形成了最初的胎盤，日後逐漸發展為胚胎。（見圖七）

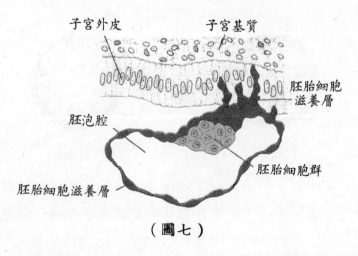

子宮外皮　　　　子宮基質

胚胎細胞
滋養層

胚泡腔

胚胎細胞群

胚胎細胞滋養層

（圖七）

卵子受精第一週變化示意簡圖

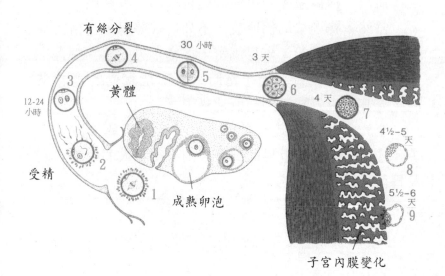

子宮內膜變化

（圖八）

　　把西醫胚胎學對這個階段的研究，作了一點概括的介紹之後，我們再回過頭，把釋迦牟尼佛對這一階段的介紹，拿來作個比對。

　　對於這個受精卵的外觀方面，他說：「如楄如癰，臥在糞穢，如處鍋中。」

　　質地方面，他說：「狀如粥汁，或如酪漿。」

　　至於內部成分方面，他就用「地界堅性，水界濕性，火界煖性，風界動性」來概括。

　　如果用現代醫學的語言來說，那就是，受精卵的染

色體，已經蘊涵了日後生長出骨骼、毛髮、肌肉、器官、血液、荷爾蒙，乃至強壯與否等的所有基因。

　　當然，釋迦牟尼佛所說，不如現代醫學經過精密儀器實驗，所觀察的，來得細密，但卻不失簡要、中肯。而且，對兩千五百年前，當時人們所能接受的概念來說，充其量也只能說到這個地步了。

　　至於「身根及識，同居一處，壯熱煎熬，極受辛苦。」涉及到內心世界的部分，則有待各人的內證，以及日後科學的努力了。

第二個七天

　　難陀，第二七日，胎居母腹，臥在糞
穢，如處鍋中。身根及識，同居一處，壯熱
煎熬，極受辛苦。

　　於母腹中，有風自起，名為遍觸。從先
業生，觸彼胎時，名頞部陀。狀如稠酪，或
如凝酥。於七日中，內熱煎煮，四界現前。

　　這一段前面的「胎居母腹，臥在糞穢，如處鍋中。
身根及識，同居一處，壯熱煎熬，極受辛苦。」和第一
個七天的描述一樣，這裡不再重複。

　　再下面的敘述，不同了。「於母腹中，有風自起，
名爲遍觸，從先業生。」

　　現在問題來了，這句話是什麼意思呢？什麼是「有
風自起」？和前面「風界動性」那個風大的「風」，同
還是不同呢？「從先業生」，又是什麼意思？爲了對這
段的語意掌握得更明確，我們參考一下《佛爲阿難說處
胎會》。這本經是對阿難說的，主要內容也是介紹胎兒
在母體裡的變化。也有說，這兩者是同一經本，但由翻
譯的不同，而有差別。不論如何，《佛爲阿難說處胎

會》對我們解讀《入胎經》是很有幫助的。

在《佛爲阿難説處胎會》這本經裡，講到「第二七日」的時候，它的文字記載是：

所感業風名為遍滿，其風微細，吹母左脇及以右脇，令歌羅邏（即羯羅藍）身相漸現，狀如稠酪，或似凝酥。內熱煎煮，便即轉為安浮陀身。如是四大，漸漸成就。

綜合兩部經對於這第二個七天的敘述，我們可以歸納出幾個要點：

（1）　這股風是「自起」，有別於父母的遺傳而來。怎麼「自起」的呢？《入胎經》上説，「從先業生」，是中陰身的阿賴耶識所帶來的種子。混合了前面父精母卵所具備的風大，但又不限於那個風大。

（2）　這個「有風自起」的風，具備了「遍觸」、「遍滿」的特質，「令歌羅邏身相漸現」，能夠使這個小小的胚芽逐漸生長。因此，「有風自起」這個「風」，主要是股生命能，也就是道家、中醫所謂「人有三寶，神與氣、精」的「氣」。這是生命的精華，也

是生命的原動力，是生命能的一個主要成分。

因此，道家有「食氣者壽」的說法。而佛家則基於同樣的認識，有「安那般那」(註1)的修法，後來又發展出天台宗的數息、隨息、止息等「六妙門」(註2)的修證。至於密宗，則普遍的著重於「氣」、「脈」的修煉。這本經典，基於同等的認識，每七天的變化、成長，都由不同作用的「風」來主導。這個「風」，也就是「氣」的代名詞。

（註1） 爲釋迦牟尼佛所傳授，注意出入息的修法。

（註2） 天台止觀的修持法門，歸納爲六個步驟：一數（數息），二隨（隨息），三止（止息），四觀（慧觀），五還（返本歸元），六淨（清淨圓滿）。

（3） 參考了《佛爲阿難説處胎會》這本經，我們發現了一個特殊的句子，「吹母左脇及以右脇」。「脇」，是指胸部靠近兩臂的部位。這一小片胚芽和母體胸部兩側的部位，建立了聯繫。這句話又怎麼理解呢？

從中醫來説，肝經的分布，正好聯繫了生殖器官與兩脇部位。在五行屬性上，肝屬木。

母體一旦受精，卵巢立即分泌孕酮（黃體素荷爾蒙），這是水大。水生木，於是肝經起了變化。在中醫來説，肝藏血。肝屬木，木能生火。火又屬心，心主血

脈，於是又帶動血液循環。

　　因此，「其風微細，吹母左脇及以右脇。」可以說就包含了上面這一連串的生理反應。

　　用現代醫學語言來說，就是胚胎與母體建立了血液循環的脈道。開始由母體的血液輸入氧氣，以及其他的養分；同時把胚胎內部新陳代謝後的廢氣及其他剩餘物，經由血液流入母體排出。

　　第二個七天，也就是第二個週期的胚胎，在佛經裡就叫「額部陀」。看起來，比第一個禮拜黏稠，所以說「狀如稠酪」，「或如凝酥」。這七天裡，附著在胚胎上面的神識，仍然是痛苦的，「內熱煎煮」，好像悶在熱鍋裡那樣，受著煎熬。

　　現在讓我們再看看，西醫對這七天作了那些觀察？

　　第八天：部分「胚泡」進入子宮內膜。「胚胎細胞群」增長成雙層「胚芽盤」。（見圖九）

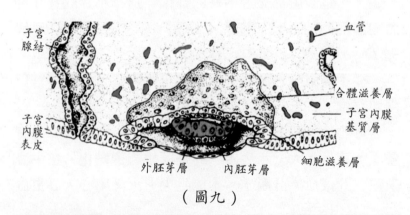

子宮
腺結

血管

子宮
內膜
表皮

合體滋養層

子宮內膜
基質層

外胚芽層　　內胚芽層　　細胞滋養層

（圖九）

　　第九天：胚泡深入子宮內膜。開始入侵時的損口已由血纖維凝塊蓋起來。這時，「滋養層」出現一些小泡，互相溶合擴充，成為一網路系統（滋養層腔隙網路）。母體子宮內壁也起變化，細胞腫脹，細胞漿積聚大量積原和脂質，細微血管充血、擴張，形成了「血竇」。（見圖十）

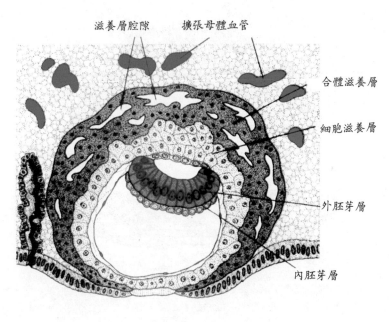

（圖十）

　　到第十二天左右，毛細血管破裂，母體血液流入
「滋養層腔隙網」。此時，胚體本身的血管尚未形成，
但是經由滲透作用，由母體的血液中獲得所需的養分。
胎盤由此與母體的血循環建立了交流。（見圖十一）

滋養層腔隙　　　母體血竇

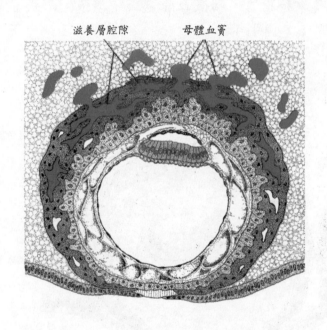

（圖十一）

　　第十三天：發展出「絨毛」、「絨毛腔」。

　　「胚芽盤」首端出現「徵心基板」，日後發展為心臟；尾端連接「結締組織柄」。

　　這短短的七天裡，真是變化得多彩多姿。概要來說，這片小小的胚芽，的確和母體的血循環建立了交流。也可以說是水大、火大、風大而致於地大的綜合性的重要發展。

　　在佛經上，就簡單的用「四界現前」來概括。

　　經過這些變化，當然，這時候的「胚芽」就不再是半透明的「狀如粥汁」，「或如酪漿」了。這時候它已經進入子宮內壁，看起來差不多如佛經所說，「狀如稠酪」。「地大」逐漸發展，凝結攏來，固定一處，所以又說「或如凝酥」。

　　當然，佛經上的敘述比現代醫學簡略得多。但是關鍵性的變化，譬如這個週期裡，和母體血液循環所建立的聯繫，經典中就用「其風微細，吹母左脇及以右脇，令歌羅邏身相漸現。」來概括。用現代醫學觀點來說，這段敘述實在太儱侗。但是，如果綜合中醫的臟腑、經絡，以及五行生尅的的觀點；再配合西醫性荷爾蒙的變化、胚胎與母體血循環的聯繫；融匯貫通之後，再回過頭來看經典上的這句話，那就不免要嘆爲觀止的發出會心的一笑了。

第三個七天

　　難陀，第三七日，廣說如前。於母腹中，有風名刀鞘口，從先業生，觸彼胎時，名曰閉戶。狀如鐵箸，或如蚯蚓。於七日中，四界現前。

　　第三個七天，在前面成長的基礎上，又有一股風，叫「刀鞘口」。同樣，也是胚芽所蘊涵的一股生命能。胚芽這個時候，叫做「閉戶」，好像一把鐵筷子，又好像隻蚯蚓。地、水、火、風四大仍不斷的成長著。

　　現在讓我們看看西醫的研究成果：

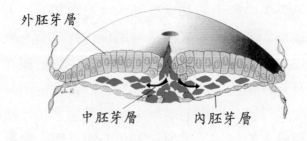

外胚芽層

中胚芽層　　　　內胚芽層

（圖十二）

第三週時候，雙層的「胚芽盤」變成三層。（圖十二）

第十八天前後，中胚層裡發展出脊索。

隨著脊索的增長，胚芽盤逐漸變成長形。從縱剖面來看，它內部的結構，恰好如經典所說，「狀如鐵箸，或如蚯蚓。」（見圖十三）

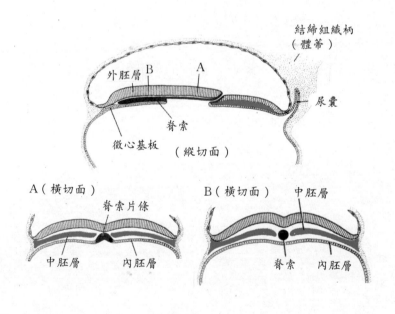

（圖十三）

胚芽發展到第三週，胚前期的發育完成。

從第四週開始，進入了胚胎期。

胚胎的變化

第4週至第9週

三個胚層各自分化，形成特定的組織和器官。

各器官系統初步形成

第四個七天

難陀，第四七日，廣說如前，於母腹
中，有風名為內門，從先業生，吹擊胎箭，
名為健南。狀如鞋椵，或如溫石。於七日
中，四界現前。

難陀，這第四個七天，就如同前面所說，在各種條
件的配合下，胚胎繼續發展著。這個七天裡面，發展著
一股叫「內門」的生命能。在這股生命能的作用下，胚
胎的形狀發育得好像一隻鞋椵(註)，又好像塊溫石。這
個階段又叫「健南」。

（註）　修補鞋子或縫製鞋子時，用來做底襯的木製腳模。

現在讓我們看一下，西醫胚胎學對這個週期的觀察
結果。

第二十二──第二十四天：

1　發展出中空，兩端開口的神經管。大約兩天
後，第二十四天左右，首尾兩端管口封閉，成為一個密

管組織。（見圖十四）

　　2　生長出脊髓，中樞神經系統開始萌芽。

　　3　體節開始生長，每天大約增長三節。同時發育出生骨節細胞、生皮節細胞，以及生肌節細胞。

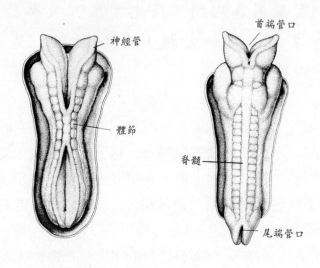

神經管

體節

首端管口

脊髓

尾端管口

（圖十四）

第二十五天：（見圖十五）

發展出鰓弓、腦泡、心泡，以及甲狀腺、肺、肝、胰、中腎小管等的原基。開始了血循環和心博動。

第二十六天——二十八天：

出現眼基板（日後發展為眼）、耳基板（日後發展
為耳）、手肢芽、腳肢芽。（見圖十六）

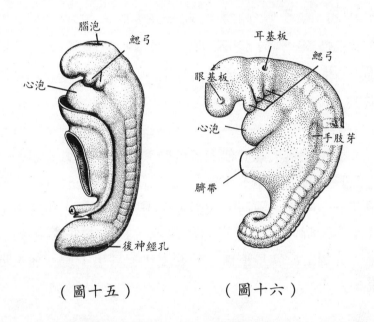

（圖十五）　　　　（圖十六）

　　總之，從第四週開始，由三層的胚芽盤，各別生長
分化成各類組織和器官。也就是細胞由多潛能化，趨向
個別特殊性。因此，也可以說是，「內」部組織個別
化，分「門」別類的各自發展。而經典中，則把這第四
週的業風（氣機），命名爲「內門」。

第五個七天

　　難陀，第五七日，廣說如前，於母腹中，有風名曰攝持。此風觸胎，有五相現，所謂兩臂、兩腨及頭。譬如春時，天降甘雨，樹林鬱茂，增長枝條。此亦如是，五相顯現。

　　難陀，到了第五個七天的時候，胚胎繼續發展著。這個時期的生命能，叫做「攝持」，使得胚胎長出「五相」──兩臂、兩腨（大腿連著臀部的部位）和頭。就好像春天時候，經過春雨的滋潤，樹木增長出一些枝條。這個階段就是這樣，外觀上，發展出了這五種生理現相。

　　現在我們看西醫的胚胎學，第五週時候的變化，大體也是如此。

　　外型方面，頸曲加深，中腦曲出現。

　　除了外型的特徵外，內部的結構方面，腦、下丘腦、上丘腦的區域出現局部細胞增殖；中腎管、輸尿管芽、生殖結節等都在發育中。

第六個七天

難陀，第六七日，於母腹中，有風名曰
廣大，此風觸胎，有四相現，謂兩肘、兩
膝。如春降雨，萬草生枝，此亦如是，四相
顯現。

難陀，第六個七天的氣機，把它訂名為「廣大」。
這段期間，胚胎生長出兩肘、兩膝。這個階段，就好像
經過春雨的滋潤，草木生出枝條。四肢就如此發展出
來。

從西醫的觀察，這個時期除了兩肘、兩膝之外，同
時長出了兩手、兩腳；甚至十個手指、腳指也隱約可
見。（見圖十七）

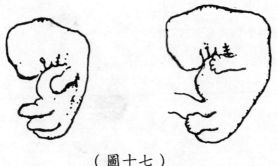

（圖十七）

第七、第八個七天

難陀，第七七日，於母腹中，有風名為旋轉。此風觸胎，有四相現，謂兩手兩腳，猶如聚沫，或如水苔，有此四相。

難陀，第八七日，於母腹中，有風名曰翻轉。此風觸胎，有二十相現，謂手足十指。從此初生，猶如新雨，樹根始生。

在西醫的胚胎學裡，手腳的發育成長，比起這本《入胎經》略早幾天。或許經過兩千五百年的時間，胚胎在母體裡的部分發育，略為提前。譬如現在的兒童，身心雙方都比四、五十年前來得早熟。

用現代知識來說，隨著自然生態、物質條件的種種改變，人體也就相對應的作著調整、變化。從佛家的思想觀念來說，隨著眾生共業的不同，人類的正報——諸如平均壽命、身高、體重，乃至其他各種生理機制，也都跟著變化。

譬如佛家的劫數觀念，有大劫、中劫、小劫。而小劫裡又分為增劫、減劫。佛經上說，人類最開始的時候，壽命是八萬四千歲。後來由於放逸、散漫，沒有保持正念、善行，於是每一百年，人的壽命就減少一歲。越到後來，人心越為險惡。眾生共業所感，除了本身的正報之外，連帶的依報也受到影響。自然環境越來越差，人為災害、自然災害也越來越多，人的壽命就越來越短。到末法時代的後期，據佛經上記載，人類的平均壽命就只有十歲了。從八萬四千歲到十歲這一段漫長的歷程，就是「減劫」。

由於長時期以來，各種災害的磨難，後來人類開始懺悔，迴心向善，於是每一百年又增加一歲。到後來，人的壽命又回到八萬四千歲。這段歷程就是「增劫」。

照佛經上所說，我們現在正在減劫中，人類的平均壽命也在逐漸減少。可惜到目前為止，還沒有整個地球人類平均壽命的長期統計資料，還無法對佛經這一論點提出數據性的證明。

但是，據中國歷史的記載，堯、舜、禹、湯、文

王、武王、周公等，都活了一百多歲。相比之下，人的
壽命是減少了。

　　雖然物質文明不斷的進步，醫藥科技又不斷的突飛
猛進，但是環境污染的日趨嚴重，自然生態的破壞，乃
至病毒頑強怪異的翻新、變化，所以人類所面臨的死亡
威脅，不但沒有因爲科技的進步而減少，甚至有更趨增
加的跡象。或許這就如佛經所説，是人心不古，世風日
下的果報吧！

　　以此類推，兩千五百年後，如果這本佛經仍然存
在，那麼經典中的記述，比照當時胚胎的成長，很可能
有著更多的差異。

　　講到這裡，我們不要忘了，這本經典的緣起，是由
沉迷欲樂的難陀而來。爲了使他迷途知返，使他領悟到
生命的苦、空、無常、無我，釋迦牟尼佛施展了各種方
便，帶他上了天堂，同時又帶他下到地獄。然後再不厭
其煩的爲他講説「入胎」的過程、變化。

　　主要目的，在於點出生命現象的變化，沒有一個永
恒的歸宿，也沒有一個真實的幸福。同時寓意了「觀身
不淨，觀受是苦，觀心無常，觀法無我」這小乘修證的
中心。因此，這本《佛爲難陀説出家入胎經》的重點，
並不在於「胚胎學」的介紹和探討。只不過，在釋迦牟
尼佛的接引方便中，我們對於佛陀的權巧智慧，又多了

一層認識。

　也因此，從第九個七天開始，我們不再一項項與西醫作精詳的比對。我們只在個別的關鍵處，借用現代醫學爲類比說明。否則，一路像西醫胚胎學似的詳細介紹下去，恐怕讀者們看了，也要覺得頭大而乏味的。

第九個七天

　　第九七日，於母腹中，有風名曰分散。此風觸胎，有九種相現。謂二眼、二耳、二鼻，並口，及下二穴。

　　這九種相就是九竅。兩眼、兩耳、兩鼻孔、嘴巴這七竅，加上下面的肛門、尿道，一共是九竅。

胎兒的發育

第10週以後
體軀增長
器官和組織開始正式發育

第十七日，於母腹中，有風名曰堅鞕，
令胎堅實。即此七日，於母胎中，有風名曰
普門，此風吹脹胎藏，猶如浮囊，以氣吹
滿。

到了第十個七天，這段時期的生理機能，就叫做
「堅鞕」，胎兒發育得更爲堅實。同時還有一股叫「普
門」的風，使得整個胚胎飽滿，好像充滿了氣的浮囊。

就西醫來說，第三個月開始，直到出生期，這個階
段叫做「胎期」。這期間，體軀增長；器官和組織開始
正式發育。從前面的「胚胎期」，又進入一個新的階
段。而《入胎經》，恰好把這個階段叫做「堅鞕」。

不同的是，《入胎經》又再強調，整個胚胎是「以
氣吹滿」。主要還是由於「氣」的作用，「令胎堅
實」。這種觀點，和目前西醫的觀點則有所不同。

難陀，第十一七日，於母胎中，有風名

曰疏通。此風觸胎，令胎通徹，有九孔現。
若母行立坐臥，作事業時，彼風旋轉虛通，
漸令孔大。若風向上，上孔便開；若向下
時，即通下穴。譬如鍛師，及彼弟子，以橐
扇時，上下通氣。風作事已，即便隱滅。

「堅實」之後，接著就要「疏通」，把這股充實、
蓬勃的生機，運化到全身，胎兒才會健全的發育、成
長。在「疏通」這個功能上，當然「氣」的特質就表現
得更爲明顯。所以釋迦牟尼佛在上面這段，對難陀說：

第十一個七天當中，母胎裡的氣機，繼續發揮了
「疏通」的功能。這股生命能的作用，遍及全身，使得
九竅更爲成熟。

當母親或走，或立，或坐，或臥，或者工作的時
候，隨著母體生命能的運作，又輔助了胎兒內在氣機的
運轉，九竅逐漸發育成長。

如果氣機向上運行（上行氣），就疏通身體上部的
孔道（脈道）；如果氣機向下運行（下行氣），就疏通
下部的（下半身的）孔道（脈道）。胎兒和母體間，氣
機的互動，就好比鍛師（冶金的師父）和他的徒弟（徒
弟比喻胎兒，鍛師比喻母親），用橐扇上下通氣。藉由

上行氣、下行氣的交互作用，胎兒一天天的成長。

氣機運行到某個階段，它又自然會進入「止息」的狀態。這就是「風作事已，即便隱滅。」

氣機止息下來，這個時候並不是死亡，也不是停止生長。相反的，這時候的生機就好比在將養生息，也好比在充電。借用老子的話，就是「致虛極，守靜篤，萬物並作」的道理。

拿現代一般人比較容易理解的比方，就好像動物的冬眠狀態。停止了呼吸，生命能幾乎不消耗，所以就不吃、不喝，像睡個大長覺，養足了精神，等冬天過了，再出來活動。

其實，「息」在生命成長中所扮演的角色，遠超過「冬眠」的作用。

如果把「氣」比方成一棵生命之樹，那麼「息」就好比這棵生命之樹的根。地面上看不見它，但是「氣」由它來，「氣」由它而生。那麼，我們如果追問，這棵生命之樹的根又種在那裡呢？勉強說，就是在「空」中。

這個「空」，不是物理世界虛空的「空」，這個「空」是心物一元，真空生妙有的「空」。談到這裡，又是一個「唯證乃知」的實證境界了。

胎兒出生後，隨著後天生命的成長、物欲的干擾、

身心的動亂，這種「息」的靜止狀態越來越少，越來越短。因此，老、病、死也就隨之而來，成爲無法逃避的必然現象。

佛道兩家要想扭轉這個惡性循環，提出了各種理論和修證方法。而「止息」，恰恰是佛道兩家共通的基礎功夫。如果達不到「止息」，那就談不到「四禪八定」，也談不到「煉精化氣、煉氣化神、煉神還虛」。至於我們前面提到的，佛家「安那般那」，以及「六妙門」的修證，也都建立在這個基礎上。

難陀，第十二七日，於母腹中，有風名曰曲口。此風吹胎，於左右邊作大小腸，猶如藕絲，如是依身交絡而住。即此七日，復有風，名曰穿髮，於彼胎內，作一百三十節，無有增減，復由風力，作一百禁處。

在第十二個七天裡，這個階段的生命能，就叫做「曲口」。大、小腸開始發育著。同時又像「穿髮」般的，生出一百三十節和一百個禁處。

究竟「一百三十節」和「一百個禁處」是什麼？看到這裡，我們覺得文字的涵意不是十分明確。所以再參

考一下《佛爲阿難説處胎會》，這一部分的原文如下：

　　十二七日，處母胎時，復感業風，名為曲口。由此風力，左右脇間生大小腸，猶如藕絲及緊紡線置在於地，十八周轉，依身而住。復有一風名為穿髮，由此風故，三百二十支節，及一百一穴生在身中。

　　這部經典裡記載的是，「三百二十支節，及百一穴。」數字上跟《入胎經》有出入，但是文字相互比對之後，意義比較明確了。

　　今按：

　　（1）　胎兒的腸，大部分是由胚胎期的中腸發育演變出來。胚胎在第四週時，發育出一條直管狀的中腸。中腸從第六週開始旋轉、發育，到了第十一至第十二週時，完成了旋轉，而且發育出了小腸（包括空腸、回腸、十二指腸），以及大腸（結腸、盲腸）。恰好，釋迦牟尼佛就在這第十二週時，介紹出大、小腸的形成。

　　（2）　由於大、小腸是彎彎曲曲的，所以釋迦牟尼佛就把這個時期訂名爲「曲口」。

（3）　接下來，這一週生理機能又發揮著「穿髮」的特性。「穿髮」又是什麼意思呢？顧名思義，大概差不多像髮絲一樣細，而且是細長的、穿越的。那麼，這三百二十支節很可能指的是神經。至於《入胎經》上所說的「一百三十節」，與《處胎會》所說的「三百二十支節」，雖然數字上有出入，但是卻分別用到了「節」與「支節」的字眼。而神經系統恰好如樹枝狀的，分佈在體軀、四肢，以及各個臟器官。

爲了再求佐證，我們再比照一下西醫的胚胎學。又有一個奇妙的脗合，神經細胞在胚芽的第十八天左右，已經開始出現。但是直到第十二週的末期，神經系統才基本形成，開始感應到體外的刺激。譬如對於外在的觸動，以及聲、光等，作出了微弱的反射動作。

（4）　至於《入胎經》上的「一百禁處」，或者《處胎會》中的「百一穴」，或許就是目前中醫針灸上的一百多個常用穴了。近年來，針灸學配合人體解剖學的研究，發現到經穴（或者稱爲氣穴、穴道、穴位）恰好是沿著神經線（尤其是神經叢，或者神經節部位。）分布。

難陀，第十三七日，於母腹中，以前風力，知有飢渴。母飲食時，所有滋味從臍而入，藉以資身。

「以前風力」，由於前面那些生理機能的開展，有了飢渴的感受。母親吃了東西，這些滋養經過胎盤、臍帶，到了胎兒那裡。胎兒因此不斷的發育、成長。

這裡有幾點，值得我們注意的：

（1）「以前風力，知有飢渴。」這步生理反映，如果用佛學名詞的話，就相當於「受」的作用。

現在我們回顧一下前面：「第九七日」，發展了「六入」──眼、耳、鼻、舌、身、意。到了「第十二七日」，神經系統的架構大致形成。用佛學名詞的話，就是有了感應「觸」「受」的基礎。歸納起來，配合佛家解釋生命緣起的「十二因緣」的概念，這就是「六入緣觸，觸緣受。」

（2）前面，在「第二七日」時，我們講過，胚芽已經跟母體的血循環建立了聯繫。母體的養分，已經經由血液，滲透進入這個新的生命。這裡為什麼又說，「從臍而入，藉以資身。」究竟什麼意思呢？

現在讓我們再參考一下《佛爲阿難説處胎會》的相關的敍述：

所有滋味，於身穴中，及以臍輪，資持潤益。

看到這裡，意義比較明朗了，《入胎經》上所説的「臍」，並不限於肚臍或者臍帶。它主要是指臍輪而言。胚胎體內的氣機，開始孕育出最初步的氣穴及脈輪。

(3) 臍輪是密宗「三脈七輪」中的一輪，又叫「化輪」。所謂「化」，就是生長、變化的意思。在密宗的氣脈學説裡，認爲胎兒離開了母體，生命的功能，主要仍經由這裡，不停的生發、變化。

從西醫觀點來説，胎兒在母體裡，是靠著臍帶，從母體吸收養分。就佛、道兩家的修證學説，一個新的生命，主要是經由這個部位的氣化功能，變化、生長著。

(4) 從道家、中醫的觀點來説，密宗臍輪的範圍，關聯到「腎」。這個「腎」，跟西醫裡面的腎臟是兩種概念。中醫的腎，包括了有形的腎臟這個器官，還包括了腎經這整條經脈，同時關聯到性荷爾蒙、腦下垂

體等荷爾蒙系統。中醫認爲腎屬水，把「腎」看成我們
生命的先天之本，主腦，主生殖。肩負著生殖，以及腦
部功能的重任。

總之，「臍輪」這個範圍，具備了重要的生長、變
化的功能。因此，密宗把這個脈輪又叫做「化輪」。那
麼，它進一步會變化出什麼呢？

難陀，第十四七日，於母腹中，有風名
曰線口。

其風令胎生一千筋，身前有二百五十，
身後有二百五十，右邊二百五十，左邊二百
五十。

第十四個七天裡，這個階段的生理機能叫「線
口」，胎兒生出一千條筋。身前大約有兩百五十條，身
後大約是兩百五十條，左邊、右邊也大約各有兩百五十
條。

我們前面說了，臍輪的功能，關聯到中醫裡面的
腎。在中醫的五行學說裡，腎屬水。水能生木，而木，
屬肝。中醫的這個肝，除了器官方面的肝臟，還包括經
脈方面的肝經。它主筋，主調達、疏泄。關係到筋的生

長、發育，同時具備了調達、疏通的作用，使人體的氣機和諧通暢的運行。

在上一個週期，「第十三七日」，臍輪初步呈現之後，經過這個「化輪」的生化，體內的氣機開始逐步形成經絡、脈輪的系統，開始要形成一個規律性的網路。這時候，肝經同時也就要發揮它調達、疏泄的功能了。

因此，「第十四七日」生出一大堆的筋，就象徵著肝經爲經脈系統所作的準備。也可以説是氣機的混沌的狀態，邁向規律化的經脈體系的一個過程。

難陀，第十五七日，於母腹中，有風名曰蓮花。能與胎子作二十種脈，吸諸滋味。身前有五，身後有五，右邊有五，左邊有五。

其脈有種種名及種種色。或名伴，或名力，或名勢。色有青、黃、赤、白、豆蘇、油酪等色。更有多色共相和雜。

難陀，其二十脈，別各有四十脈，以為眷屬，合有八百吸氣之脈。於身前、後、左、右，各有二百。難陀，此八百脈各有一

百道脈，眷屬相連，合有八萬。前有二萬，
後有二萬，右有二萬，左有二萬。

　　難陀，此八萬脈，復有衆多孔穴，或一
孔、二孔，乃至七孔，一一各與毛孔相連，
猶如藕根有多孔隙。

　　釋迦牟尼佛這段所講的，在現代人看來，更是天花
亂墜，匪夷所思了。究竟在說什麼呢？讓我們再參考一
下《佛爲阿難説處胎會》這本經吧！

　　十五七日處母胎時，復感業風名為蓮
花。
　　由此風力生二十脈，飲食滋味流入此
脈，潤益其身。
　　（下略）

　　同樣的，第十五個七天，生理機能的特徵，被訂名
爲「蓮花」。胎兒生出二十條主要的脈道。但是比起
《入胎經》裡面「吸諸滋味」這句原文，《處胎會》這
部分就說得清楚許多，它説「飲食滋味流入此脈，潤益
其身。」母體的養分經由它們運化、生發，供應全身。
　　現在我們再回到《入胎經》，繼續往下看。

這些脈道平均散布著，二十條主要的脈道，分布在身前五條，身後五條，右邊五條，左邊五條。其中，有些是從屬性的，可以歸爲「伴」的一類；有些是強有力的，可以歸爲「力」的一類；還有些是蓄勢而動的，那就歸爲「勢」的一類。

不同的脈，有不同的生理功能；不同的生理功能，會發出不同的光色。因此，這些脈有青色的，黃色的，紅色的，白色的，奶油色的，還有些是不同光色混合的。

這二十條主要的脈，各有四十條支脈。這樣，總共就有八百條支脈。每條支脈又分佈出一百條細微的脈，這些微細的脈相互聯繫著，加起來，總共差不多有八萬，平均分佈在身體的前、後、左、右。這八萬的微細脈上，又有許多小孔穴。有的上面一個孔，有的上面兩個孔，甚至於有多達七個孔的。這數不清的小孔，都跟毛孔相通。就像藕根那樣，裡面有幾條粗大的管道，同時又有很多細小的孔隙。

今按：

這一段講的，真讓人覺得撲塑迷離，好像進入了天方夜譚似的。其實這些都是實際的狀況，生命是非常奧妙的。這一段內容，涉及到很多重要的觀點。

（1）　這個階段的發育，主要在於「脈」。「脈」
是什麼呢？所謂「脈」，就是通道。血液的通道是「血
脈」，氣機的通道就是「氣脈」。

多數的西醫們，聽到什麼氣脈、經絡的，就頭大。
在那裡呢？明明看不見嘛！把人體剖開了，即使用顯微
鏡找，也找不到啊！但是，我們不能因此而否定它的存
在。譬如空中的氣流，海裡的洋流（暖流、寒流），都
沒有一個具體、有形質的通道，但是他們——尤其是洋
流，都循著固定的路線，就好像是經由一個通道在走動
似的。人體裡的氣脈也是如此，雖然沒有看得見的，有
形式的通道，但確循著固定的通路運行著。

（2）　道家、中醫把人體主要的氣脈歸納爲十二正
經、十五絡脈，以及奇經八脈。沿著經脈，又分布著一
些經氣匯聚的穴位。這就是武俠小說裡所說的穴道，也
就是中醫針灸裡所謂的經穴。

這些經穴，近些年來，經過科學儀器的測試，已經
有了初步的數據——穴位所經過的人體表面，産生出較
大的電阻。

（3）　至於佛家的密宗，則偏重在實證的基礎上，
又作了更精簡的歸納，把它分類爲三脈（左脈、中脈、
右脈）、七輪（梵穴輪、頂輪、眉間輪、喉輪、心輪、

臍輪、海底輪）。經過靜定的修煉，這些脈輪就會逐步
呈現出來。

（4）　如果打通了三脈七輪，在修密宗的看來，就
認爲了不起了。當然，這個成就是很難得。可是在生理
修煉上，只能說打下了初步的基礎。過此以往，功夫越
細密，對自己身體脈絡的結構，才體會的更微細。再經
修煉，才會認識到八萬脈絡是何等境況。

（5）　既然「脈」是「氣」的通道，那麼，發展過
程中，肯定是先有「氣」，然後才有「脈」「輪」。

我們回顧一下《入胎經》上，這個小生命的演進。
「氣」──生命的基礎能量，發展到第十三週時，孕育
出最初步的「脈輪」──開展出臍輪的作用。

然後，第十四週時，肝經發揮了調達、疏泄的功
能，幫著氣機從混沌儱侗的狀態，發展出規律性的軌
道。

到了第十五週時，終於開展出了八萬「脈絡」。

（6）　現在還有一個問題，這裡講到脈有「青、
黃、赤、白、豆蘇、油酪」等各種顏色。西醫看到這
裡，頭更大了。如果說「氣」嘛，反正眼睛看不見的；
而且氣脈上穴位的皮膚表面，的確呈現了比較大的電阻

反應。但是這裡卻說到這麼明確的顏「色」，這就實在
讓人頭暈目眩了。這些顏色在那裡啊？到那裡去看啊？

　　很有趣的，道家、中醫對於人體經脈的結構、體
系，與密宗歸納的不同；與這本經典介紹的也不相同。
但是，他們把人體內部的五臟、六腑，按照說法不同的
生理功能，也配上了各種顏色。譬如心屬火，是紅色；
肝屬木，是青色；脾屬土，是黃色；肺屬金，是白色；
腎屬水，是黑色。

　　不要說西醫了，但凡具備一些生理常識的，看到這
些顏色的配對，都要大搖其頭了。肝裡面都是血，怎麼
會是青色？腎臟掏出來，明明是暗紅的。再怎麼看也不
是黑色的啊！

　　比較包容的人們會認為，中醫形成這些學說的時
候，還沒有解剖學，所以說的不科學，這是難怪的。其
實，中醫非常科學，它的許多理論都建立在實證的基礎
上。如果具備了足夠的靜定修養，那麼對體內經脈的走
向，乃至臟腑的屬性、光色，就會有所體認了。

　　我們舉個比較淺近的例子，假使你靜坐時候，眼前
呈現一片青色，那麼你要當心，很可能肝出了問題。如
果靜下來，看到的是黑色，那麼很可能腎有毛病了。不
過，這些光色也可能不是生理方面的反應。譬如，黑色
有時候也預示著外來的災難；紅色有時候也預示著血光
之災。總之，這些都屬於身心科學的內涵，非常豐富，

也很深奧，我們這裡只能點到爲止。

如果臟腑由於不同的生理功能，而配屬不同的光色，那麼氣脈當然也同樣的，由於不同的生理功能，而呈現各種不同的光色了。

這種「光色」，是生命能所放射的光。跟身體內部各種組織、器官的「顏色」，屬於不同的範疇。所以，當我們這個生命死了，身體內部的氣機停了，那麼各種不同生理功能所呈現的光色也沒有了。但是各部分生理組織，在沒有爛壞之前，它的顏色還是保持不變的。

有現代的物理學概念的就知道，不同的光色，是由不同的光波而來。其實，光除了「粒子」的特質外，同時也是一種「波」。現代科學在幾十年前就已經知道，波是能量所表現出來的一種現象。也可以說，能量會呈現出一種波的狀態。宇宙間充滿了各種不同頻率的波，我們肉眼看得見的波，又叫「可見光」。它在宇宙各種不同的波中，所佔的比例，非常非常小。

不同頻率的光，呈現不同的光波，同時呈現不同的光色，有著不同的功效。譬如紫外線光有殺菌的作用；紅外線光則有止痛的作用。在這個理論基礎上，我們身體內部的脈絡，由於不同的生理功能，當然也就呈現出各種不同的光色了。有關生命與光的關聯，讀者可參考朱文光博士著作的《生命的神光》一書。（老古文化事業公司出版）

（7）　這個階段的生理機能，叫做「蓮花」，也很有意思。

①　蓮花的根、莖，和其他植物有所不同。不論它的根，或者莖，裡面都分布著一條條明顯的，中空的管道，管壁上又分布著一些小孔隙。恰好象徵人體氣脈、網絡的分布。

②　臍輪的形狀，就好像一朵綻放的蓮花，在腹部，有如一把倒轉來，張開的傘，如傘狀般的散布開來。

一般佛經裡所謂的「千葉蓮花」，就象徵著生命裡的這個「化輪」。一般顯教不跟你談氣脈，但是氣脈的道理往往就藏在一些比喻，或者名詞裡。普通人看了，以爲是佛經誇大或神化式的形容。殊不知，裡面正蘊藏著身心科學的內涵。密宗的「三脈七輪」，認爲臍輪有六十四脈，那只是概要的歸納。事事上，它的微細脈絡就如「千葉蓮花」，一個一個數，是數不清的。

蓮花盛開之後，當然就像其他花朵一樣，漸漸凋謝。但是它和其他植物的開花有所不同，它是「花果同時」。開花的同時，蓮子就在蓮蓬裡成長；花瓣凋謝後，蓮子也差不多成熟了。這又象徵著生命中，生生不已的生機。

任何人只要善於掌握這股生機，就能生生不已

的與天地同休，與日月並明。於是道家有所謂的長生不老，而佛家則傳下了留形住世(註)的佳話。

（註） 釋迦牟尼佛圓寂前，吩咐羅睺羅、君荼鉢歎、賓頭盧尊者、迦葉尊者這四大弟子「留形住世」。保持這個肉體的生命，一直活下去，給世人作個活的證明——生命的力量是不可思議，而永無止境的。

難陀，第十六七日，於母腹中，有風名曰甘露行。

此風能為方便，安置胎子二眼處所。如是兩耳、兩鼻、口咽、胸臆，令食入得停儲之處，能令通過出入氣息。

譬如陶師及彼弟子，取好泥團，安在輪上，隨其器物，形勢安布，令無差舛。

此由業風，能作如是，於眼等處，隨勢安布，乃至能令通過出入氣息，亦無爽失。

第十六個七天當中，生理機能發揮了「甘露行」的特質，把胎兒的兩眼安置妥當。

同時，兩個耳朵、兩個鼻孔、口腔、咽喉，以及通過食物的食道管，通過呼吸的氣管，都生長發育起來。

　　就好像做陶器的師父，幫助他的徒弟，選了質地細膩，可以做陶器的泥團，放在做陶坯的轉輪上，做出想要做的東西。

　　這股生理機能就是這樣的，安置了兩眼、兩耳、口、鼻，以及食道、氣管等，使得各就其位，以備各司其職。

　　上面是這一段的白話解釋。現在，有幾點要提起大家注意的：

　　（1）　西醫的胚胎學裡，在第十六週末時，胎兒的兩眼向前遷移，同時耳朵在頭的兩邊，明顯的長了出來。

　　（2）　釋迦牟尼佛在這裡，用泥坯在轉輪上的比喻，很有意思，恰好象徵了脈輪的作用。

　　這一段文字所敘述的生理變化，用密宗觀點來講，涉及到頭輪、眉間輪、喉輪，與心輪的範圍。

　　（3）　從這段文字來看，似乎只講了上半身。「令食入，得停儲之處，能令通過出入氣息。」這句話的語意不是很明確，是不是涉及到消化、排泄系統？有沒有涉及到下半身？還是只發展到胃部呢？

　　現在讓我們再參考一下《佛爲阿難說處胎會》，這

一段怎麼說的呢？

　　十六七日處母胎時，復感業風名為甘
露。由此風力，令此眼、耳、鼻、口、胸
臆、心臟、四邊(註1)、九孔(註2)之處，悉令開
發。出入氣息上下通徹，無有障礙。(註3)若有
飲食，滋潤其身，有停積處，復能銷化，從
下流出。(註4)譬如窯師及其弟子，能善調泥，
安布輪繩，下上迴轉，所造器物而得成就。
此亦如是，皆由風力及善惡業，令眼耳等，
漸漸具足。

(註1)　四邊：指的是身前、身後、身左、身右。

(註2)　九孔：也就是我們通常說的「九竅」。參考原經文
　　　　「第九七日」的「九相」，及「第十一七日」的
　　　　「九孔」。

(註3)　「出入氣息上下通徹，無有障礙。」胎兒還沒有接
　　　　觸到外面的大氣，所以這個「出入氣息」，不是指
　　　　肺部的呼吸，它指的是包括了呼吸系統的全身的氣
　　　　機。

　　　　道家有所謂「至人之息以踵」，修煉有成就的人，
　　　　氣機就如胎兒那樣，上下通暢，直到腳底。「常人
　　　　之息以喉」，一般的凡人，都在忙亂煩惱中，沒有
　　　　靜定的修養，「方生方死」，分分秒秒都在外放、

消耗。原本胎兒時期，「上下通徹，無有障礙」的
氣機，逐漸衰弱、閉塞。到後來，就只剩下肺部的
呼吸還是通暢的。所以說，「常人之息以喉」。

(註4) 飲食的通道、貯存、消化、排泄等功能，都在發育
　　　成長中。

今按：

（1）　讀了《處胎會》這段原文，意義明朗了。很
明顯的，這第十六週的生理變化，不僅僅限於上半身的
組織、功能。它影響到全身的範圍。

（2）　如果就實際的氣脈修證而言，海底氣機發動
後，沿著中脈上衝頂輪。不論密宗或者道家，都是這個
路線。頂輪的運化，直接影響到腦垂體以及下丘腦的荷
爾蒙；由此，又關聯到全身的荷爾蒙系統。呂純陽〈百
字銘〉所說的「白雲朝頂上，甘露灑須彌」，就是指的
這個境況。

　　生命在母體裡的發育，大致循著類同的路線。經脈
網絡孕育之後，到了這「第十六七日」，由臍輪運化出
的生命能，向下通至海底；向上，則經由心輪、喉輪、
眉間輪而至頂輪。所以，《處胎會》這本經的比喻，說
到「安布輪繩，下上迴轉，所造器物，而得成就」，藉

著「輪繩」以及「下上迴轉」，象徵這個階段脈輪的運化。

頂輪一經開發，同時關聯到荷爾蒙系統的發育。荷爾蒙對人體的生長，新陳代謝的活動，乃至各個臟器的功能，都有密切的關係。

在脈輪（氣大），以及荷爾蒙（水大）的雙重作用下，胎兒成長、發育著。所以《處胎會》上說「由此風力，令此眼、耳、鼻、口、胸臆、心臟、四邊、九孔之處，悉令開發。出入氣息上下通徹，無有障礙。」

（3）　如我們前面所說，每種「業風」的名字，都有它的涵義。如果把住胎當中，這些業風的名字陳列出來，我們不難發現，「甘露行」這個名字的特殊性。

在這「第十六週」之前的業風，依次命名為：

羯羅藍、遍觸、刀鞘口、內門、攝持、廣大、旋轉、翻轉、分散、堅鞕、疏通、曲口、線口、蓮花。

在這之後的業風的名字為：

毛拂口、無垢、堅固、生起、浮流、淨持、滋漫、持城、生成、曲藥、花條、鐵口、藍花。

前後對照下來，「甘露行」這個名字，似乎特別突顯了體內腺體的成長、運行。看到這裡，我們不免好奇，西醫胚胎學對於這個階段，有那些研究成果呢？

（4）　根據胚胎學的研究顯示，到了第四個月時，腦垂體的各組成部分，已經基本分化。在細胞分化的同時，腦垂體的分泌功能也在同步的發展著。

由於腦垂體的分泌，又帶動了其他的內分泌系統。恰好，第四個月時，胎兒體內產生了胰島素，以及微量的腎上腺素。同時在一百天左右，胎兒的血液中測量出了甲狀腺素。

除了上面各種內分泌的發展，胎兒體內其他的分泌，譬如由胸腺和骨髓分化出的淋巴細胞，也在第四個月時，進入了血循環。胎兒的汗腺，則在第15、16週左右，開始出現在手掌，以及腳底部位。至於胎兒的脂性分泌，也是在第16週至17週時，開始了活動。

看到這裡，我們禁不住再一次的訝異，兩千五百年前，釋迦牟尼佛是如何窺知，這部分微妙的變化？而把這個週期的生理機能訂名爲「甘露行」，同時又作了那麼簡單扼要的敘述呢？

難陀，第十七七日，於母腹中，有風名曰毛拂口。此風能於胎子眼、耳、鼻、口、咽喉、胸臆、食入之處，令其滑澤，通出入

胎兒的發育

氣息，安置處所。

譬如巧匠，若彼男女，取塵翳鏡，以油
及灰，或以細土，揩拭令淨。此由業風，能
作如是安布處所，無有障礙。

第十七週的生理機能叫「毛拂口」。能使胎兒的
眼、耳、鼻、口、咽喉，乃至呼吸系統、循環系統、消
化系統等等，更加潤澤、通暢。

就好比巧手的工匠，用油沾上粗灰，或者細土，把
積了塵垢的鏡子擦拭乾淨。這週的生理機能就是這樣，
使得各處發育妥當。

今按：

我們前面講到，胎兒到16～17週時，開始了脂性分
泌。而《入胎經》這裡則說到「令其滑澤」，同時又作
了譬喻說「以油及灰」、「揩拭令淨」。

難陀，第十八七日，於母腹中，有風名
曰無垢，能令胎子六處清淨。

如日月輪，大雲覆蔽，猛風忽起，吹雲
四散，光輪清淨。難陀，此業風力，令其胎

子六根清淨，亦復如是。

在第十八週，一股叫「無垢」的生理機能，使得胎兒的六處（眼、耳、鼻、舌、身、意等整體的生理器官、組織）清爽。

好比太陽、月亮被雲遮住。忽然起了大風，把雲吹散開來，陽光、月光就朗照中天。這個時期的氣機，使得胎兒六根清爽的機理，大致就是如此。

今按：

胎兒越趨成熟，它的各個器官、組織間的界限，才越趨完整的孕育出來。譬如孵化中的小雞，如果時間沒到，提早幾天把蛋殼剝開，那麼小雞的眼睛、耳朵、絨毛等等都還沒有發育完成，很可能還是血肉模糊的，很不清爽。

胎兒在母體裡也是如此，沒發育完成前，眼睛、耳朵等各部分組織的界限都還不夠完整。當然，也就不清爽。到了第十八週，發育得比較成熟了，所以這裡說「令胎子六處清淨」。

難陀，第十九七日，於母腹內，令其胎

子成就四根，眼耳鼻舌。入母腹時，先得三
根，謂身命意。

　　胎兒的眼、耳、鼻、舌這幾部分的組織，經過前面
「無垢」的生理作用，清爽之後，這一週發育得更成熟
了。至於身根、命根、意根這三部分，是初入胎時就已
經有了的。

　　難陀，第二十七日，於母腹中，有風名
曰堅固，此風依胎，左腳生指節二十骨，右
腳亦生二十骨，足跟四骨，髀有二骨，膝有
二骨，脛有二骨，腰髖有三骨，脊有十八
骨，肋有二十四骨。復依左手，生指節二十
骨；復依右手，亦生二十。腕有二骨，臂有
四骨，胸有七骨，肩有七骨，項有四骨，頷
有二骨，齒有三十二骨，髑髏四骨。
　　難陀，譬如素師(註)，或彼弟子，先用鞭
木，作其相狀，次以繩纏，後安諸泥，以成
形像，此業風力，安布諸骨，亦復如是。此
中大骨，數有二百，除餘小骨。

（註）　素師，又作「塑師」。

到了第二十週，一股叫「堅固」的生理機能，發育出許許多多的骨頭。

就好比一個雕塑師和他徒弟一起，要塑成一尊像，首先要用木頭做出一個架子，然後用繩子纏好，最後再敷上泥料，才完成一尊塑像。這一週，「堅固」的氣機，發育出大大小小的骨頭，也就是這個道理。其中，除了細小的骨節外，大一點的骨頭總共差不多有兩百個。

今按：

（1）　一般成人骨頭有二百零六塊，嬰兒剛生下來有三百多個，後來有些骨頭相互融合，就成為二百零六個。

《入胎經》這一段，有關各部位骨頭的數字，並不準確，甚至有不少出入。這是怎麼回事？

我們知道，佛經是弟子們在佛陀去逝後，憑著記憶追錄的。為了佛經的記錄，佛陀的弟子和再傳弟子們，分裂為上座部和大眾部，各持己見，相互非議。所以這一部分傳述下來的骨節數字，究竟是否確為佛陀當年所說，我們實在不得而知。

　　不過，不論如何，我們前面曾經提起大家注意，這本經的重點並不在於胚胎學的介紹。釋迦牟尼佛他老人家，主要在於點醒難陀對於女色、欲樂的沈迷。於是就入胎、住胎的過程，順手拈來，作爲方便說法的題材。所以，在介紹過程中，即使略有出入，也不足以影響他在身心修證方面的卓越成就。

　　(2)　骨骼系統的發育，早在胚胎的第五週時就已經開始，逐步經過軟骨內成骨的方式，骨化成骨。

　　到了第二十一週，肢體的比例已經和出生時差不多，各部位的骨節，大部分已經定數、定形。或許就是這個原因，所以釋迦牟尼佛在第二十週時，把全身的骨節作了概要的介紹。

　　難陀，第二十一七日，於母腹中，有風名曰生起，能令胎子身上生肉。譬如泥師，先好調泥，泥於牆壁。此風生肉，亦復如是。

　　釋迦牟尼佛繼續對難陀說，第二十一週，一股叫「生起」的生理機能，使得胎兒生出肌肉。就好比泥水

匠，把泥調好後，塗到牆上。

今按：

據現代醫學的研究觀察，從二十一週後，胎兒的體重迅速增長。

難陀，第二十二七日，於母腹中，有風名曰浮流，此風能令胎子生血。

第二十二週時候，一股叫「浮流」的生理機能，使得胎兒生血。

今按：

西醫胚胎學的研究觀察，血細胞早在第四週左右，已經由卵黃囊製造出來。隨後，由肝、脾接替了造血的功能。但是，直到二十二週左右，細微血管才開始清楚的顯現出來。

難陀，第二十三七日，於母腹內，有風名曰淨持，此風能令胎子生皮。

　　第二十三週時，叫做「淨持」的生命能，使胎兒的
皮膚組織發育完整。

　　今按：

　　西醫胚胎學的觀察，恰好在這一週裡面（第160天
左右），胎兒的表皮有了成長組織的特徵。

　　難陀，第二十四七日，於母腹中，有風
名曰滋漫，此風能令胎子皮膚光悅。

　　第二十四週，一股叫「滋漫」的生理機能，使得胎
兒皮膚光潤。

　　難陀，第二十五七日，於母腹中，有風
名曰持城，此風能令胎子血肉滋潤。

　　到了第二十五週，叫做「持城」的生理機能，使得
胎兒血肉滋潤。

　　今按：

目前西醫認為，二十六週左右，皮下脂肪逐漸積聚，皮膚皺摺減少，膚色由暗紅轉為淺紅。

難陀，第二十六七日，於母腹中，有風名曰生成，能令胎子身生髮毛爪甲，此皆一一共脈相連。

難陀，第二十六週時，有股叫「生成」的生理機能，使胎兒生出毛髮、指甲。這些毛髮、指甲，和體內的氣脈也是相連的。

今按：

（1） 頭髮、指甲這些角質組織没有神經分布。但是，如果我們經過相當程度的靜養，就會感受到它們上面也分布著無數的毛細孔，也有氣息出入。

（2） 西醫胚胎學裡，第二十六週長出腳指甲。至於手指甲，則在稍早一兩週出現。

難陀，第二十七七日，於母腹中，有風

名曰曲藥，此風能令胎子，髮毛爪甲悉皆成
就。

難陀，第二十七週有股生理機能叫「曲藥」，使胎
兒的毛髮、指甲等都發育完成。

今按：

釋迦牟尼佛對這第二十七週的介紹比較特別。前面
二十六個週期，都在陳述生理的變化。到這第二十七週
時，生理方面的介紹，只有上面短短的一句。隨後講的
一大段，都是有關胎兒的因果報應。

這是什麼原因呢？現在讓我們先繼續看這個週期的
原文，然後再作討論。

難陀，由其胎子先造惡業，慳澀吝惜，
於諸財物，堅固執著，不肯惠施；不受父母
師長言教。以身語意，造不善業，日夜增
長，當受斯報。若生人間，所得果報，皆不
稱意。

如果這個胎兒從前非常吝嗇，從來捨不得把自己的
財物分送給別人；同時又不聽從父母師長的教誨；身、

口、意這幾方面不斷造作惡業。那麼，如果轉生爲人的話，就會有下面各種不如意的惡報。這本經把它大致歸納爲三大類。

(一)

若諸世人，以長爲好，彼即短；若以短爲好，彼即長。

以粗爲好，彼即細；若以細爲好，彼即粗。

若支節相近爲好，彼即相離；若相離爲好，彼即相近。

若多爲好，彼即少；若少爲好，彼即多。

愛肥便瘦，愛瘦便肥；愛怯便勇，愛勇便怯；愛白便黑，愛黑便白。

（按：上面這一段，主要敍述胎兒外觀方面的果報。）

如果當時社會上認爲長得高大才好，他就會長得矮小；如果認爲長得短小才好，他就長得高大。

如果一般人認爲粗獷才好，他就長得細小；反過

來，如果一般人認爲細緻才好，他就長得粗獷。

如果當時認爲某些支節部位長得接近比較好，他就恰恰離得遠；如果認爲那些部位長得遠些比較好，他就偏偏長得近。

如果認爲某些部位，長得多一點才好，那麼他就長得少；相反的，如果當時認爲某些部位長得少才好，那麼他就偏偏長得多。

當時如果喜歡肥胖，他就長得清瘦；當時如果喜歡清瘦，他就長得肥胖。

當時如果喜歡柔弱斯文，他就長得魁武勇猛；當時如果喜歡魁武勇猛，他就長得柔弱斯文。

認爲長得白才美，他就長得黑；認爲黑才美，他就長得白。

(二)

難陀，又由惡業，感得惡報：聾盲瘖瘂，愚鈍醜陋。所出音響人不樂聞，手足攣躄，形如餓鬼。親屬皆憎，不欲相見，況復餘人。

（按：這一段，主要敘述胎兒生理機能方面的果

報。）

　難陀，由於從前的惡業，還可能招致一些其他的惡果。譬如聾、盲、啞；或者癡呆；或者講話的聲音，讓人聽了討厭；或者手腳扭曲變形；或者長得醜陋，像個餓鬼。連親人們看了都覺得討厭，至於其他的人，就更不想和他接近。

（三）

　所有三業，向人說時，他不信受，不將在意。何以故？由彼先世造諸惡業，獲如是報。

（按：這一段，則是人際關係方面的果報。）

　由於從前在身、口、意方面所造的惡業，這一生所說的話，人們聽了不信服，也不接受；即使再有道理，人們也不放在心上。

　以上這些，就因為前生造作了各種惡業，所以得到這生種種的惡報。

　講完了惡報之後，下面繼續介紹的就是善報方面。

　　難陀，由其胎子先修福業，好施不慳，憐愍貧乏，於諸財物，無吝著心，所造善業，日夜增長，當受勝報。若生人間，所受果報，悉皆稱意。

　　難陀，如果這個胎兒從前修了很多福德，對自己的財物毫不吝惜，一向慷慨好施，積功累德下來，就會得到好的善報。如果轉生爲人，所得的果報就是稱心如意的。

　　釋迦牟尼佛講到善報方面，同樣的，也歸納爲三大類。

(一)

　　若諸世人，以長為好，則長；若以短為好，則短；粗細合度，支節應宜。多少肥瘦，勇怯顏色，無不愛者。

　　（按：這是就外觀方面來說。）

　　如果當時一般人認爲長得高大才好，他就會長得高大；如果當時一般人認爲長得短小才好，他就長得短小。總之，粗細、比例、多少、肥瘦、氣質、膚色等

等，都恰恰合於時宜，得人喜愛。

(二)

六根具足，端正超倫，辭辯分明，音聲和雅，人相皆具，見者歡喜。

（按：這部分屬於生理機能，以及內五行方面。）

五官端正，四肢健全，氣質端莊，談吐大方，聲音悅耳。總之，內外五行都可圈可點，自然具有一股吸引力，使得人們都樂於親近。

(三)

所有三業，向人說時，他皆信受，敬念在心。何以故？由彼先世造諸善業，獲如是報。

（按：這部分屬於人際關係方面。）

由於從前在身、口、意三方面的善業功德，所以這生說出的話，人們都會聽信，而且非常敬重的樂於接受。

　　上面所列舉的各方面的善報，就是由於從前所作的各種善行而來。

　　講過了胎兒前生今世的因果關係之後，接著敘述的就是胎兒當時在母體裡的受報狀況。

　　難陀，胎若是男，在母右脇，蹲踞而坐，兩手掩面，向母脊住。
　　若是女者，在母左脇，蹲踞而坐，兩手掩面，向母腹住。

　　如果是男胎，多半偏向母親的右脇，兩臂在胸前彎曲著，兩手對著自己的臉，半蹲半坐的，面向著母親的背脊。
　　如果是女胎，多半偏向母親的左脇，兩手彎曲的對著自己的臉，半蹲半坐的，面向母親的肚皮。

　　在生藏下，熟藏之上，生物下鎮，熟物上刺，如縛五處，插在尖標。

今按：

（1）　如果就生理部位來講，「生藏」相當於胃部，「熟藏」相當於膀胱。剛裝進肚裏的東西，就是「生物」，經過分解、消化後的，就是「熟物」。

（2）　有關生藏、熟藏，釋迦牟尼佛在《禪祕要法》裡也提到。讀者可參考南懷瑾老師《禪祕要法》的白話解釋——《禪觀正脈》，書中同時附有洪文亮醫師從西醫角度對白骨觀的一些詮釋。其中也提到了對生藏、熟藏的觀點。

（3）　這段原文的最後一句，「插在尖標」是什麼意思呢？爲了明確起見，我們再參考《處胎會》中相關的原文：

生藏之下，熟藏之上，內熱煎煮，五處緊縛，如在革囊。

子宮裡的胎兒，被裝了食物的胃部向下壓，同時又被裝了尿液的膀胱向上擠。整個軀幹和四肢就好像緊緊的被裹在這個皮袋裡。

若母多食，或時少食，皆受苦惱。如是，若食極膩，或食乾燥，極冷極熱，鹹淡苦醋，或太甘辛，食此等時，皆受苦痛。

如果母親吃多了，或者吃少了，胎兒都會受到感應，都會覺得不舒服。如果吃得太油膩，或者太乾燥；太冷、太熱；或者太鹹、太淡、太苦、太酸、太甜、太辣等等，胎兒都會覺得不舒服。

若母行欲，或急行走，或時危坐，久坐久臥，跳躑之時，悉皆受苦。

如果母親行房事，或者走路走得太快，或者坐得筆直，或者坐久一點，躺久一點，或者跳上跳下，胎兒在裡面都會覺得很痛苦。

難陀，當知處母胎中，有如是等種種諸苦，逼迫其身，不可具說。於人趣中，受如此苦。何況惡趣地獄之中，苦難比喻。

是故難陀，誰有智者，樂居生死無邊苦

海，受斯厄難?!

難陀，你要知道，在媽媽肚裡，受到種種的痛苦，詳細狀況數說不清的。上面這些，還只是轉生人胎所受的煎熬。如果轉生其他惡道或者地獄的話，所受的苦難更是無法想像。

所以說難陀啊，一個有智慧的人，怎麼可能愛戀這個生命，又怎麼會願意沈溺在這無邊的苦海中呢！

今按：

（1）講完了這些果報之後，進入第二十八週，這是目前法律上，認爲胎兒能夠脫離母體，獨立生存的分界。因爲這期間，肺部已經發育完成，神經系統也趨向成熟，體溫調節和呼吸神經中樞的功能也都建立。胎兒已經開始具備在母體外生存的能力。

（2）釋迦牟尼佛恰好在這分界的第二十八週前，插入一大段有關胎兒的因果報應，似乎又是個巧妙的安排。

（3）進入這分界的第二十八週，這本經典怎麼說的呢？這段描述也很有意思。

難陀，第二十八七日，於母腹中，胎子便生八種顛倒之想。云何為八？所謂屋想、乘想、園想、樓閣想、樹林想、床座想、河想、池想。實無此境，妄生分別。

胎兒生出八種顛倒的妄想，呈現出房屋、車乘、庭園、樓閣、樹林、床座、河流、水池等境界。

今按：

外在世界的景像在這個週期出現，或許也寓意著，胎兒已經具備了到母體外獨立生存的能力。

難陀，第二十九七日，於母腹中，有風名曰花條，此風能吹胎子，令其形色鮮白、淨潔。或由業力，令色黧黑，或復青色，更有種種雜類顏色。或令乾燥，無有滋潤。白光黑光，隨色而出。

第二十九個七天當中，一股叫「花條」的生理機能，使胎兒膚色顯得鮮白，潔淨。由於業力的不同，也可能是黑色，或者帶著青黃，乃至其他一些顏色。業力

好的話，皮膚潤澤有光；業力差的話，皮膚就乾燥枯
澀。

照目前西醫的研究，大約第二十六週開始，皮下脂
肪逐漸積聚，所以胎兒皮膚較白。

從第三十到三十四週，體內脂肪大約佔體重的百分
之八。所以胎兒日見豐潤，皮膚也逐漸轉白。

難陀，第三十七日，於母腹中，有風名
曰鐵口。此風能吹胎子髮毛爪甲，令得生
長。白黑諸光，皆隨業現，如上所說。

難陀，第三十週時，一股生理機能叫「鐵口」，使
胎兒的毛髮爪甲，發育得完善齊全而有光澤。

難陀，第三十一七日，於母腹中，胎子
漸大。如是三十二七、三十三七、三十四七
日已來，增長廣大。

釋迦牟尼佛繼續說，難陀，從第三十一週，經過第
三十二、三十三、三十四週，胎兒逐漸長大、長胖。

今按：

照西醫的胚胎學來說，從三十到三十四週，由於體內脂肪積聚，所以胎兒除了皮膚轉白之外，手腳和體軀也逐漸變得肥胖。過了三十四週，胎兒的生長又緩慢下來。

難陀，第三十五七日，子於母腹，支體具足。

難陀，到第三十五週時，胎兒已經發育得相當完備。

難陀，第三十六七日，其子不樂住母腹中。

到了第三十六週時，胎兒已經不再喜歡住在母親肚裡了。

難陀，第三十七七日，於母腹中，胎子便生三種不顛倒想。所謂不淨想、臭穢想、黑暗想，依一分說。

難陀，到第三十七週，胎兒在母親肚子裡，有了三種確實的感受，覺得很不乾淨，而且氣味噁臭，周遭黑暗。

難陀，第三十八七日，於母腹中，有風名曰藍花。此風能令胎子轉身向下，長舒兩臂，趨向產門。

次復有風，名曰趣下，由業力故，風吹胎子，令頭向下，雙腳向上，將出產門。

難陀，第三十八週時，一股叫「藍花」的生理機能，使胎兒轉身朝下，趨向子宮口。

同時又有股叫「趣下」的生理機能，把頭下腳上的胎兒推出產門。

今按：

現代醫學的研究，母體在懷孕的第三十八週時，

「腦垂體」會分泌大量的「催產素」。生產時，這激素
使子宮壁強烈收縮，同時使子宮頸肌纖維鬆弛。於是子
宮口擴張，同時藉著子宮壁肌、母體腰肌的收縮，胎兒
逐漸被推出母體。

　　難陀，若彼胎子，於前身中造眾惡業，
并墮人胎。由此因緣，將欲出時，手足橫
亂，不能轉側，便於母腹以取命終。

　　如果這個轉為人胎的胎兒，前生造了許多惡業，將
要出生時，很可能由於先世的罪業，手腳橫側，頭部無
法順利轉下，無法脫出子宮，那麼就會胎死腹中。

　　時有智慧女人，或善醫者，以煖酥油，
或榆皮汁，及餘滑物，塗其手上。即以中指
夾薄刀子，利若鋒芒，內如糞廁。黑闇臭穢
可惡坑中，有無量千蟲恒所居止，臭汁常
流，精血腐爛，深可厭患，薄皮覆蓋，惡業
身瘡。

這時，必須有個伶俐的女人，或者懂得醫術的，用軟酥油或榆皮汁，或者其他的潤滑物塗在手上。然後用中間的兩指夾住鋒利的刀片，進入腹內。這裡面就好像是個又黑又臭的糞坑，有數不清的蟲，到處是臭汁爛肉。總之，我們這層薄皮下面，就是一癰惡業身瘡。

於斯穢處，推手令入，以利刀子，臠割兒身，片片抽出。其母由斯，受不稱意，極痛辛苦，因此命終。設復得存，與死無異。

手指夾著刀子進入子宮，用小刀把胎兒一片片割下，取出。這時母體非常痛苦，很可能因此喪命。即使有幸，母命保住了，也是元氣大傷，像是大死一場。

難陀，若彼胎子善業所感，假令顛倒，不損其母，安隱生出，不受辛苦。

難陀，如果這個胎兒由於善業因緣，頭向下的順利出生，那麼就母子平安。

難陀，若是尋常無此厄者，至三十八七
日將欲產時，母受大苦，性命幾死，方得出
胎。

難陀，汝可審觀，當求出離。

多數到了三十八週，要臨盆時，母親都經過非常痛
苦的折磨，才把胎兒生出來。

難陀啊，生命就是這樣來到人間。你想想看，那兒
有一片淨土？那兒有一塊樂園呢？你看清楚了，就要好
好發心，跳出這生死輪迴啊！

《入胎經》到這裡告一段落，但是我們的問題並沒
有告一段落，並沒有解決。譬如釋迦牟尼佛在這本經典
最後，叮嚀──「當求出離」。究竟怎麼樣跳出生死？
怎麼樣不再被輪迴所轉？爲了正視這個問題，有幾點我
們必須再作強調說明：

（1）真能從生死的輪迴中跳出來，不再被生死、
煩惱所轉，才叫解脫。解脫不完全等於悟道。照見一念
無明，覺悟到生命的本來，這是「般若」，又叫悟道。
悟道之後，配合修證，不論何時、何地，都能照見五蘊
皆空，都在「常、樂、我、淨」的境界，這才是「解

脫」。解脫了，連解脫這個概念都放下，不認為自己在解脫，不認為自己在修行，這才算真正證到「不生不死」「不垢不淨」的「法身」。

所以，「法身、般若、解脫」雖然是三位一體，卻也是一體的三面。唐朝的永嘉大師針對這個關鍵，就作過很精闢的解說，「法身不癡即般若，般若無著即解脫，解脫清淨即法身。」

（2）　我們已經知道，這個生命是由性欲關頭的一念無明，配合父親的精蟲，母親的卵子，由這三緣和合而來。

神識一旦轉進去了，這三緣一旦結合起來，就好像奶粉、白糖和水攪在一起。水裡有糖，有奶粉；奶粉裡有水，也有糖；糖裡又有水和奶粉。這三樣東西混成一體了。不經過特別的處理，是分不開了。

神識一旦轉入胚胎裡，又好比一隻蒼蠅，停到電扇中間的轉軸上。停上去之後，電扇轉動了，這麼一轉動，裡面那隻蒼蠅再也飛不出來了。

神識在入胎前，屬於心靈──肉眼看不見的「能量」的狀態；而精蟲、卵子則是有形有狀的「物質」的狀態。神識和受精卵一結合，就成為質、能的結合。這個之後，「能」就受到「質」的制約，也就是精神（心）被物質（物）所困；心被物所轉了。

（3） 我們要求解脫，就是要做到不被物質所困，甚至於翻轉來，從心所欲的主導物質、調配物質，這也就是所謂「心能轉物，即同如來。」

關於這點，《楞嚴經》作了非常扼要的提示，那就是「生因識有，滅從色除。」要想解脫，必須從色法上下手。

（4） 從色法上下手，也就是調理色身、修煉氣脈。

佛學把色法（物理部分），歸納成五大：地、水、火、風、空。

不論從那一大種下手起修——譬如不淨觀（屬地大），水觀（屬水大），火觀（屬火大），安那般那（屬風大），到最後都要通到「空大」，才可能超越了物質、色法的束縛。

而「四大」當中又以「風大」和「空大」最爲接近。「安那般那」則是利用「風大」起修。比較起來，最容易證到「空性」。這也就是爲什麼釋迦牟尼佛特別提出「安那般那」，認爲這個修法特別奧妙的關鍵所在。

（5） 除了「色法」部分，我們生命還有「心法」部分。因此《楞嚴經》在「五大」之外，又加了「覺、

「識」，而成爲「七大」。如果從風大起修，進入「空大」，超越了物質、生理方面的障礙，同時配合心智上的覺悟，解脫「覺、識」這兩大，那才算是真正得了自在。

所以，「安那般那」的修法，不是只練呼吸，而是從呼吸下手，然後通達「清淨本然，周遍法界」的真空妙有，即空即有，非空非有，才是究竟。

(6)　儘管佛法一再強調「唯心」，但是嚴格說來，有個很嚴重的問題，那就是一般的修證上，不論見解，或者功夫、境界，差不多都在「唯物」方面轉。

究竟心如何變成物？心物怎麼樣一元？無法求證到，這是個大問題。真求證到，真的心轉了物，心物圓融無礙了，才算真正見了道，證了道。

(7)　我們不能見道，不能證道，簡單說，就是業力的關係。我們這個後天生命活到，整個都是業力的作用。所謂「力」，就是一股力量。雖說是唯心的，但同時聯帶著物，所以嚴格說，它（業力）也是心物一元的。

所謂業力，所謂習氣，不單單指我們現在的思想。我們現在所想的，所感受的，都還是這股業力的現象、外表。促使每種思想模式、喜好類型不同的那個根源，

才是業力所在。那是看不見、摸不著的。

　　千萬不要以爲自己思想清淨了，念頭停止了，沒有了，就以爲沒有業了。要知道，整個睡眠狀態，都是業；即使斷了氣，死亡的境界，也還是在業中；甚至於打起坐來，一念清淨，那也是業。

　　總之，我們現在活到，所有的細胞，任何心理狀態，裡裡外外，整個都是業力、業氣所形成。

　　一般說習氣轉不了，很難轉得過來。這是過去多生累積的習慣、習性，也叫業習。轉得過來，才叫修行。

　　(8)　所以，聽到一句「滅從色除」，千萬不要又被這句話所誤，一味的只管色身氣脈，而不注意心理結使的去除。那就真要驢年才得解脫了。

附錄

大寶積經卷五十五

佛為阿難說處胎會

大唐三藏　菩提流志譯

佛爲阿難說處胎會

如是我聞。一時，佛在舍衛國祇樹給孤園。尊者阿難於日晡時，從禪定起，與五百比丘詣佛所。合掌恭敬，頂禮佛足，卻住一面。爾時，世尊即告阿難及諸比丘：「我有法要，初中後善。其義微妙，純一無雜，具足清白梵行之相，所謂入母胎藏修多羅法。應當諦聽，善思念之。我今爲汝分別解說。」阿難白佛言：「唯然世尊，願樂欲聞。」

爾時世尊告阿難言：「若有眾生欲入胎時，因緣具足，便得受身。若不具足，則不受身。

云何名爲緣不具足？所謂父母起愛染心，中陰現前，求受生處。然此父母赤白和合，或前或後而不俱時，復於身中各有諸患。若如是者，則不入胎。其母胎藏或患風黃、血氣閉塞；或胎閉塞；或肉增結；或有醎病；或麥腹病；或蟻腰病；或如駝口；或車轅曲木；或如車軸；或車轂口；或如樹葉；或曲繞旋轉，狀如藤笋；或胎藏內猶如麥芒；或精血多泄，不暫停住；或滯下流水；或胎藏路澀；或上尖下尖；或曲或淺；或復穿

漏；或高或下；或復短小，及諸雜病。若如是者，不得
入胎。

若父母尊貴有大福德，中陰卑賤；或中陰尊貴有大
福德，父母卑賤；或俱福德，無相感業。若如是者，亦
不受胎。

如是，中陰欲受胎時，先起二種顛倒之心。云何爲
二？所謂父母和合之時，若是男者，於母生愛，於父生
瞋。父流胤時，謂是己有。若是女者，於父生愛，於母
生瞋。母流胤時，亦謂己有。若不起此瞋愛心者，則不
受胎。」

復次阿難：「云何得入母胎？所謂父母起愛染心，
月期調順，中陰現前，無有如上衆多過患，業緣具足，
便得入胎。如是中陰欲入胎時，復有二種。云何爲二？
一者無有福德；二者有大福德。

其無福者，覺觀心起，所見境界，便作是念：我今
值遇風寒陰雨，大衆憒鬧，衆威來逼，便生恐怖。我今
應當入於草室及以葉室，或隱牆根，或入山澤、叢林、
窟穴。復更生於種種諸想，隨其所見，便入母胎。大福
德者，亦生是念：我今值遇風寒陰雨，大衆憒鬧，衆威

來逼，亦生恐怖。即上高樓，或登大閣，或入殿堂及以
床座，亦生諸餘種種之想。隨其所見，便入母胎。」

佛告阿難：「如是中陰初受胎時，名歌羅邏，皆依
父母不淨，及過去業而得受身。如是之業，及以父母諸
緣之中，各不自生，和合力故而便受身。譬如以器盛酪
及人繩等，即便出蘇。諸緣之中皆不可得，和合力故，
蘇乃得生。歌羅邏身亦復如是，因緣力故，便得受
胎。」

復次阿難：「譬如依止青草牛糞，及以棗酪，而各
生蟲。一一之中，蟲不可得。因緣力故，蟲乃得生。此
蟲生時，青黃赤白，各隨所依而作其色。是故當知，父
母不淨而生此身。諸緣中求，皆不可得，亦不離緣，和
合力故，而便受胎。

此身生時，與其父母四大種性亦無差別。所謂地爲
堅性，水爲濕性，火爲熱性，風爲動性。歌羅邏身，若
唯地界無水界者，譬如有人握乾麨灰，終不和合。若唯
水界無地界者，譬如油水其性潤濕，無有堅實，即便流
散。若唯地水無火界者，譬如夏月陰處肉團，無日光
照，則便爛壞。唯地水火無風界者，則不增長。譬如有
人及其弟子，能善炊糖，諸有所作，而令其內悉使空

虛，若無風力終不成就。如是，四大互相依持而得建立。是故當知歌羅邏身，因於父母四大業風，而得生者，亦復如是。眾緣之中皆不可得，和合力故，而便受身。」

復次阿難：「譬如新淨種子善能藏積，不為蟲食，無有爛壞、乾焦、穿穴。或復有人選擇良田潤沃之處，下此種子，令一日中，牙莖枝葉扶疏蔭映，花果滋茂皆具足不？」「不也，世尊。」

佛告阿難：「歌羅邏身亦復如是，皆從因緣次第生長，不得一時諸根具足。是故當知，雖從父母而有此身，諸緣中求，皆不可得，和合力故而便受生。」

復次阿難：「譬如明眼之人持日光珠，置於日中，以乾牛糞而懸其上，去珠不遠，火便出生。不即牛糞，及以日光，各能生火，亦不相離。因緣力故，火便出生。從於父母所生之身亦復如是。歌羅邏身名之為名，受想行識說之為名。名色五陰剎那受身，已經諸苦，我不讚歎，況復長時輪迴諸有?!譬如少糞猶尚臭穢，何況於多?!如是五陰歌羅邏身，誰當愛樂?!」

復次阿難：「如是之身處在母胎，凡經三十八七日

已，方乃出生。第一七日處母胎時，名歌羅邏。身相初現，猶如生酪。七日之中內熱煎煮，四大漸成。

第二七日處母胎時，所感業風名爲遍滿。其風微細，吹母左脅，及以右脅，令歌羅邏身稠漸現，狀如稠酪，或似凝酥。內熱煎煮，便即轉爲安浮陀身。如是四大漸漸成就。

第三七日處母胎時，復感業風名爲藏口。由此風力，令漸凝結。其安浮陀轉爲閉手，狀如藥杵而復短小。於其胎中，內熱煎煮。如是，四大漸漸增長。

第四七日處母胎時，復感業風名爲攝取。由此風力，能令閉手轉爲伽那，狀如溫石。內熱煎煮，四大漸增。

第五七日處母胎時，復感業風名爲攝持。由此風力，能令伽那轉爲般羅奢佉。諸皰開剖兩髀、兩肩，及其身首，而便出現。如春陽月，天降時雨，樹木枝條，而便出生。因業風力，諸皰現時，亦復如是。

第六七日處母胎時，復感業風名之爲飯。由此風力，四相出現。云何爲四？所謂兩膝兩肘，名爲四相。

第七七日處母胎時，復感業風名爲旋轉。由此風力，四相出現，所謂手足掌縵之相。其相柔軟，猶如聚沫。

第八七日處母胎時，復感業風名爲翻轉。由此風力，二十相現。所謂手足二十指相而便出生。如天降雨，樹木枝條漸得增長。業風力故，諸相現前，亦復如是。

第九七日處母胎時，復感業風名爲分散。由此風力，現九種相。云何爲九？所謂眼耳鼻口大小便處名爲九相。

第十七日處母胎時，復感業風名爲堅鞕。由此風力，即便堅實。復有一風名爲普門，吹其胎身，悉令脹滿，猶如浮囊。

十一七日處母胎時，復感業風名曰金剛。由此風力，在於胎中，或上或下，令其身孔皆得通徹。又以風力，使懷胎者或復悲喜，行住坐臥，其性改常，運動手足，令胎身孔漸漸增長。於其口中而出黑血，復於鼻中出穢惡水。此風迴轉於諸根已，而便息滅。

　　十二七日處母胎時，復感業風名爲曲口。由此風
力，左右脇間生大小腸。猶如藕絲及緊紡線置在於地，
十八周轉，依身而住。復有一風，名爲穿髮。由此風
故，三百二十支節，及百一穴生在身中。

　　十三七日處母胎時，復感業風名作飢渴。由此風
力，胎身虛羸，生飢渴想。其母飲食，所有滋味，於身
穴中及以臍輪，資持潤益。爾時世尊以偈頌曰：

　其子處母胎　已經十三七　身即覺虛羸　便生飢渴想
　母所有飲食　滋益於胎中　由此身命存　漸漸而增長

　　十四七日處母胎時，復感業風名爲線口。由此風力
生九百筋，於身前後及以左右而交絡之。

　　十五七日處母胎時，復感業風名爲蓮花。由此風
力，生二十脈。飲食滋味流入此脈，潤益其身。何者二
十？於身前及以左右，各有五脈。此一一脈皆有四十枝
派小脈，如是等脈各各復有一百枝派。身前二萬名曰商
佉；身後二萬名之爲力；身左二萬名爲安定；身右二萬
名爲具勢。如是八萬大小支脈生於此身。其脈復有種種
之色，所謂青黃赤白酥酪油色。是八萬脈，一脈一根，
於其根上生於一孔，或復二孔乃至七孔，一一皆與毛孔

相連，猶如藕根生諸孔穴。

十六七日處母胎時，復感業風名爲甘露。由此風力，令此眼耳鼻口胸臆心藏四邊九孔之處，悉令開發。出入氣息上下通徹，無有障礙。若有飲食，滋潤其身，有停積處，復能銷化，從下流出。譬如窯師及其弟子，能善調泥，安布輪繩，下上迴轉，所造器物而得成就。此亦如是，皆由風力及善惡業，令眼耳等漸漸具足。

十七七日處母胎時，復感業風名氂牛面。由此風力，令其兩眼而得光潔，耳鼻諸根漸漸成就。譬如有鏡，塵翳所覆，或取塼末，及以油灰，磨拭令淨。是故當知，以業風力吹其眼等，使得明淨，亦復如是。

十八七日處母胎時，復感風業，名大堅強。由此風力令其諸根，漸漸成就而復明淨。猶如日月，雲霧覆蔽，猛風卒起，吹令四散，而此日月忽然大明。以是業風吹其諸根，轉更明淨，亦復如是。

十九七日處母胎時，由前風力，眼耳鼻舌四根成就。初入胎時已具三根：一者身根，二者命根，三者意根。如是諸根悉已具足。

二十七日處母胎時，復感業風名曰堅固。由此風力，能於身中生種種骨。於左腳中生二十骨，復於右腳亦生二十，足跟四骨，膞有二骨，膝有二骨，髀有二骨，腰胯三骨，脊十八骨，肋二十四，胸十三骨，左右二手各二十骨，臂有四骨，肩有二骨，頷有二骨，髑髏四骨，及齒根等有三十二。譬如塑師及其弟子，先以堅木，後以繩纏，造諸形狀。雖未有泥，如是之時，名爲骨相。以業風力生諸骨時，亦復如是。是故當知，於七日中，除其小骨大骨，生者數有二百。

二十一七日處母胎時，復感業風名爲生起。由此風力，能令其子生於身肉。譬如泥師及其弟子，能善調泥，泥諸牆壁。此由業風，能生身肉，亦復如是。

二十二七日處母胎時，復感業風名曰浮流。由此風力，能生身血。

二十三七日處母胎時，復感業風名爲淨持。由此風力，能生身皮。

二十四七日處母胎時，復感業風名曰持雲。由此風力，令其皮膚皆得調勻，光色潤澤。

二十五七日處母胎時，復感業風名曰持城。由此風力，令其子身，血肉增長，漸漸滋潤。

二十六七日處母胎時，復感業風名曰生成。由此風力，便即能生髮毛爪甲，一一皆與諸脈相連。

二十七七日處母胎時，復感業風名爲曲藥。由此風力，令其身相漸得成就。

或於先世造諸惡業，於諸資具慳貪恪惜，不肯惠施，或復不受父母師長教誨。由是業故，而得種種不如意身。若以長大肥白柔軟之身爲端正者，而便受得短小瘦黑堅鞕之身。若以短小瘦黑堅鞕之身爲端正者，而便受得長大肥白柔軟之身。若於其身支分之中，高下多少疏密爲端正者，而便受得無有高下疏密不具足身。或復受得聾盲瘖瘂，手足攣躄，諸根不具；所有音聲，人不喜聞；其身醜陋，猶如餓鬼。以惡業故，而受種種不如意身。父母親屬尚不喜見，況復餘人！

若於前世造十善業，好行惠施，無有慳貪諂誑之心，父母師長所有言教即皆信受。以是因緣，若得爲人，則不受於如上諸惡業身，而便獲得種種殊妙之身。顏容端正，諸相具足。所有言音，而爲衆人之所愛樂。

是故當知，由善業故，便得如是勝妙果報。

　　阿難，如是之身若是男者，蹲居母腹右脇而坐，兩手掩面，向脊而住。若是女者，蹲居左脇，兩手掩面，背脊而住。生藏之下，熟藏之上，內熱煎煮，五處繫縛，如在革囊。其母多食，或復少食，甘食、澀食、乾食、膩食，辛鹹苦醋，冷熱之食，或復婬欲，急行跳躑，久臥久坐，皆受苦惱。是故當知，處母胎時，有如是等眾苦逼迫。我今略說，人中尚爾，何況地獄，難可為喻。誰有智者，於生死海，當樂此身?!」

　　二十八七日處母胎時，生於八種顛倒之想。何等為八？一乘騎想，二樓閣想，三床榻想，四泉流想，五池沼想，六者河想，七者園想，八者苑想。是故名為八種之想。

　　二十九七日處母胎時，復感業風名曰花條。由此風力，令此胎身光色潤澤，諸相分明。皆由過去所造諸業，差別不同。隨其形類，有種種色，或作白色，或復黑色，或不白不黑色，或作青色，或乾枯色，或潤澤色。如是色相，而得成就。

　　三十七日處母胎時，復感業風名為鐵口。由此風

力，髮毛爪甲皆得增長，亦復能現白黑諸光。從業緣起，而生此相。

三十一七日，乃至三十五七日處母胎時，身相長大，漸漸增廣，人相具足。

三十六七日處母胎時，生厭離心，不以為樂。

三十七七日處母胎時，便起五種不顛倒想。何者為五？一不淨想，二臭穢想，三囹圄想，四黑闇想，五厭惡想。其子處胎，生如是等厭離之心。

三十八七日處母胎時，復感業風名曰拘緣。由此風力，即便迴轉。復有一風名為趣下，能令其身，頭向於下，長伸兩臂，漸欲出生。

然其此子或於前世，曾經積集墮落之業，令其此身，手腳縱橫，不能轉側。惡業緣故，於母腹中而便捨命。母於此時受大苦惱，或復命終。若於前世修諸善業，作長壽因，臨欲生時，母子安隱，無有如上惡業諸苦。過於三十八七日已，欲出胎時，受種種苦，方乃得生。是故當知，受此身者，實為大苦。

　　初出胎時，若男若女，適生墮地，或以手捧，或衣承接，或在床席，或在屋中，或復地上，或迥露處，或在日中，或冬夏時冷熱觸此身，初生受大苦惱。如生剝牛，觸於牆壁；或復露地，隨在之處，爲蟲所食；亦如有人而爲蚊虻諸蟲唼食，復加杖捶而鞭撻之。初出胎時，以煖水洗觸其身時，所受之苦亦復如是。兒既生已，漸漸增長。母身所出雜血之乳而養育之。我於諸餘經中，先已廣說。是故當知，此身皆是不淨衆苦之所成就。誰有智者於生死中，而當愛樂如是之身?!」

　　復次阿難：「初出胎時，經於七日，八萬戶蟲從身而生，縱橫食噉。有二戶蟲名爲舐髮，依髮食髮。有二戶蟲依眼食眼。有四戶蟲：一名鞍乘，二名有腭，三名發病，四名圓滿，依頭食頭。有一戶蟲，名黑稻葉，依耳食耳。有一戶蟲，名爲藏口，依鼻食鼻。有二戶蟲：一名遙擲，二名遍擲，依脣唼脣。有一戶蟲，名曰針口，依舌食舌。有一戶蟲，名爲利口，依於舌根而食舌根。有一戶蟲，名爲手圓，依腭食腭。有二戶蟲：一名手網，二名半屈，依止手掌食於手掌。有二戶蟲：一名遠臂，二名近臂，依臂食臂。有二戶蟲：一者名鐵，二名近鐵，依止咽喉，食於咽喉。有二戶蟲：一名金剛，二名大金剛，依心食心。有二戶蟲：一者名羸，二名羸口，依肉食肉。有二戶蟲：一名具色，二名具稱，依血

唉血。有二戶蟲：一名勇健，二名香口，依筋食筋。有二戶蟲：一名不高，二名下口，依止脊骨，食於脊骨。有一戶蟲，名曰脂色，依脂食脂。有一戶蟲，名曰黃色，依膽食膽。有一戶蟲，名曰真珠，依肺食肺。有一戶蟲名之為荻，依脾食脾。有五百戶蟲：一百戶蟲名之為月，一百戶蟲名為月口，一百戶蟲名為輝耀，一百戶蟲名為輝面，一百戶蟲名為廣大，依止左邊而食左邊。復有五百戶蟲亦如是名，依止右邊而食右邊。有四戶蟲：一名少穿，二名大穿，三名骨穿，四名骨面，依骨食骨。有四戶蟲：一名大白，二名小白，三名吸力，四名虎道，依脈食脈。有四戶蟲：一名意樂，二名師子力，三名兔腹，四名耽欲，依止生藏而食生藏。有二戶蟲：一名勇猛，二名勇猛主，依止熟藏，食於熟藏。有四戶蟲：一名鹽口，二名網口，三名蘊口，四名鳥口，依小便處，食小便處。有四戶蟲：一名應作，二名大作，三名碎末，四名臆皺，依大便處，食大便處。有二戶蟲：一名黑面，二名可畏面，依髀食髀。有二戶蟲：一名疾癩，二名小癩，依膝食膝。有一戶蟲，名為愚根，依膊食膊。有一戶蟲名為黑頭，依腳食腳。

阿難，我今為汝略說八萬戶蟲，依止此身，晝夜食噉。亦復能令氣力虛羸，顏容憔悴。種種病苦皆集此身，復令其心憂悲熱惱。雖有良醫，亦生迷惑，不知何

藥能治此病。誰有智者，於生死海，而當愛樂如是之身？！

復次阿難：「從初生時，乃至長大，衣食資養，成立此身。然其壽命或經百年，或復短促。於百年中有三百時，謂春夏冬。春爲熱際，夏爲雨際，冬爲寒際。此三時中，各有四月。一年之中，有十二月。於百年中千二百月，黑月白月二千四百。凡經晝夜三萬六千一日，再食七萬二千。或有不食，亦在其數。所謂或病或醉，或時斷食，或復瞋恨、睡眠、調戲，諸餘事務及飲母乳。以此因緣，名爲不食。如是之身，雖壽百年，必歸磨滅。誰有智者，於生死海，而當愛樂？！」

復次阿難：「受於此身，有二種苦。云何爲二？一者眾病集身，名爲內苦。二者人與非人之所逼惱，名爲外苦。

何者名爲眾病集身？所謂眼、耳、鼻、舌、咽喉、牙齒、胸腹、手足，有諸病生；或復風癲涕唾、癲狂乾消、上氣肺逆、小便淋瀝、疥癩癰疽、疣癖痔瘻、惡瘡膿血、煎寒壯熱，種種諸病，皆集此身。復有百一心黃之病，百一風病，百一痰病，風黃痰等和合共起，復有百一。如是四百四病逼切其身，名爲內苦。

復有外苦加害此身，所謂或在牢獄，搥打、楚撻、杻械、枷鎖、繫縛諸苦，或劓耳鼻，及刖手足，斫截其頭。不爲諸天之所守護，即令非人，諸惡鬼神、夜叉羅刹，而得其便。復爲蚊虻蜂等毒蟲之所唼食，寒熱飢渴，風雨並至，種種苦惱逼切其身。人中尚爾，況惡道苦，難可具説。

是故當知，皆由過去諸不善業，受如是報。若爲刀杖之所加害，而造城壁及諸牆塹，防衛其身。爲惡風雨、蚊虻、蜂螫而求屋舍。爲四百四病內苦外苦，而求飲食、臥具、醫藥、田園、室宅、金銀、七寶、奴婢、車乘、資生之具，供給所須。不稱其心，便生苦惱。設獲珍財，慳貪悋惜，常加守護，或時散失，復生大苦。

阿難，此五陰身，一一威儀，行住坐臥，無不皆苦。若長時行，不暫休息，是名爲苦。住及坐臥，各各長時，亦復皆苦。若長時行，而得暫住，便生樂想，其實非樂。若長時行，而得暫坐；若長時坐，而得暫臥；妄生樂想，實無有樂。是故當知，此五陰身，皆名爲苦。若復有人，或爲自利，或爲利他，若自他俱利，應當厭患如是諸苦，出家修學，則於涅槃解脱之法，爲不唐捐。若復有人，或以衣服、臥具、醫藥、資生之具，供養彼者，獲大果報，威德名聞。」

　　佛告阿難：「於意云何？色是常耶？是無常耶？」
阿難白佛言：「世尊，色是無常。」佛言：「若無常
者，爲是苦耶？爲非苦耶？」阿難答言：「色即是
苦。」佛言：「若無常苦，是敗壞法。若有多聞諸聖弟
子聞是說已，執於此身如是之色，即是於我及我所
不？」「不也，世尊。色中無我，亦無我所。」復次阿
難：「於意云何？受想行識爲是常耶？是無常耶？」阿
難白佛言：「世尊，皆是無常。」佛言：「若無常者，
爲是苦耶？爲非苦耶？」阿難答言：「如是四陰，即名
爲苦。」佛言：「若無常苦，是敗壞法。若有多聞諸聖
弟子聞是說已，執於此身如是四陰，即是於我及我所
不？」「不也，世尊。此四陰者，實無有我及以我
所。」

　　復次阿難：「如是我者，不在過去、現在、未來。
若內若外，若粗若細，若勝若劣，若近若遠，彼一切
法，悉亦非我及以我所。阿難，當知以如實智，而觀察
之，諸法無我。若有名聞諸聖弟子，作是觀已，便生厭
離，而得解脫，究竟涅槃。如是修學，證此法時，生分
已盡，梵行已立。所作已辦，不受後有。」

　　佛說是經已，尊者阿難遠塵離垢，得此法眼淨，五
百比丘不受諸法，漏盡意解。時諸大衆聞佛所說，皆大

歡喜，信受奉行。

大寶積經卷五十六

佛說入胎藏會
〈 佛為難陀說出家入胎經 〉

大唐三藏　義淨譯

佛說入胎藏會㈠

　　如是我聞。一時，薄伽梵在劫比羅城多根樹園，與大苾芻衆，無量人俱。爾時世尊有弟，名曰難陀，身如金色，具三十相，短佛四指。妻名孫陀羅，儀容端正，世間罕有。光華超絕，人所樂見。難陀於彼，纏綿戀著，無暫捨離，染愛情重，畢命爲期。

　　世尊觀知受化時至，即於晨朝，著衣持鉢，將具壽阿難陀爲侍者，入城乞食。次至難陀門首而立，以大悲力放金色光，其光普照難陀宅中皆如金色。于時難陀便作是念：「光明忽照，定是如來。」令使出看，乃見佛至。即便速返，白難陀曰：「世尊在門。」聞此語已，即欲速出迎禮世尊，時孫陀羅便作是念：「我若放去，世尊必定與其出家。」遂捉衣，牽不令出去。難陀曰：「今可暫放，禮世尊已，我即卻迴。」孫陀羅曰：「共作要期，方隨意去。」以莊泹額而告之曰：「此點未乾，即宜卻至。若遲違者，罰金錢五百。」難陀曰：「可爾。」即至門首，頂禮佛足。取如來鉢，卻入宅中，盛滿美食。

持至門首，世尊遂去。即與阿難陀，世尊現相，不令取鉢。如來大師威嚴尊重，不敢喚住。復更授與阿難陀。阿難陀問曰：「汝向誰邊取得此鉢？」答曰：「於佛邊取。」阿難陀曰：「宜授與佛。」答曰：「我今不敢輕觸大師。」默然隨去。

世尊至寺，洗手足已，就座而坐。難陀持鉢以奉，世尊食已，告曰：「難陀，汝食我殘不？」答言：「我食。」佛即授與。難陀食已，世尊告曰：「汝能出家不？」答言：「出家。」「然世尊昔行菩薩道時，於父母師長及餘尊者，所有教令曾無違逆，故得今時言無違者。」

即告阿難陀曰：「汝與難陀剃除鬚髮。」答曰：「如世尊教。」即覓剃髮人，為其落髮。

難陀見已，告彼人曰：「汝今知不？我當不久作轉輪王。汝若輒爾剃我髮者，當截汝腕。」彼便大怖，裹收刀具，即欲辭出。

時阿難陀便往白佛。佛便自去，詣難陀處問言：「難陀，汝不出家？」答言：「出家。」是時，世尊自持瓶水灌其頂上，淨人即剃。便作是念：「我今敬奉世尊，旦為出家，暮當歸舍。」既至日晚，尋路有行。爾時，世尊於其行路化作大坑。見已，便念：「孫陀羅斯成遠矣，無緣得去。我今相憶，或容致死。如其命在，

至曉方行。」憶孫陀羅，愁若通夜。

　　爾時世尊知彼意已，告阿難陀曰：「汝今宜去告彼難陀，令作知事人。」即便往報：「世尊令爾作知事人。」問曰：「云何名爲知事人？欲作何事？」答曰：「可於寺中撿挍眾事。」問曰：「如何應作？」答言：「具壽，凡知事者，若諸苾芻出乞食時，應可灑掃寺中田地，取新牛糞次第淨塗，作意防守，勿令失落。有平章事，當爲白僧。若有香花，應行與眾。夜閉門戶，至曉當開。大小行處，常須洗拭。若於寺中有損壞處，即應修補。」聞是教已，答言：「大德，如佛所言，我皆當作。」

　　時諸苾芻於小食時，執持衣鉢，入劫比羅城爲行乞食。于時，難陀見寺無人，便作是念：「我掃地了，即可還家。」遂便掃地。世尊觀知，以神通力，令掃淨處，糞穢還滿。復作是念：「我除糞穢，方可言歸」。放箒收持，糞穢無盡。復作是念：「閉戶而去。」世尊即令閉一房竟，更閉餘戶，彼戶便開。遂生憂惱，復作是念：「縱賊損寺，此亦何傷。我當爲王，更作百千好寺，倍過於是。我宜歸舍。若行大路，恐見世尊。」作是思量，即趣小徑。

　　佛知其念，從小道來。既遙見佛，不欲相遇。路傍有樹，枝蔭低垂，即於其下，隱身而住。佛令其樹舉枝高上，其身露現。佛問難陀：「汝何處來？可隨我去。」情生羞恥，從佛而行。佛作是念：「此於其婦深生戀著，宜令捨離。」爲引接故，出劫比羅城，詣室羅伐。既至彼已，往毘舍佉鹿子母園。

　　佛念難陀愚癡染惑，尚憶其妻，愛情不捨，應作方便，令心止息。即告之曰：「汝先曾見香醉山不？」答言：「未見。」「若如是者，捉我衣角。」即就捉衣。于時，世尊猶如鵝王，上昇虛空，至香醉山，將引難陀，左右顧盼。於果樹下見雌獼猴，又無一目，即便舉面直視世尊。佛告難陀曰：「汝見此瞎獼猴不？」白佛言：「見。」佛言：「於汝意云何？此瞎獼猴比孫陀羅，誰爲殊勝？」答言：「彼孫陀羅是釋迦種，猶如天女。儀容第一，舉世無雙。獼猴比之，千萬億分不及其一。」

　　佛言：「汝見天宮不？」答言：「未見。」「可更捉衣角。」即便執衣，還若鵝王上虛空界，至三十三天。告難陀曰：「汝可觀望天宮勝處。」難陀即往歡喜園、婇身園、麤身園、交合園、圓生樹、善法堂，如是等處。諸天苑園、花果、浴池、遊戲之處。殊勝歡娛，

悉皆遍察。次入善見城中，復見種種鼓樂絲竹微妙音
聲。廊宇踈通，床帷映設，處處皆有天妙婇女，共相娛
樂。難陀遍觀，見一處所，唯有天女而無天子。便問天
女曰：「何因餘處男女雜居受諸快樂？汝等何故唯有女
人，不見男子？」天女答曰：「世尊有弟名曰難陀，投
佛出家，專修梵行。命終之後，當生此間。我等於此相
待。」難陀聞已，踊躍歡欣，速還佛所。

世尊問言：「汝見諸天勝妙事不？」答言：「已
見。」佛言：「汝見何事？」彼如所見，具白世尊。佛
告難陀：「見天女不？」答言：「已見。」此諸天女比
孫陀羅，誰爲殊妙？」白言：「世尊，以孫陀羅比此天
女，還如香醉山內，以瞎獼猴比孫陀羅，百千萬倍不及
其一。」佛告難陀：「修淨行者，有斯勝利。汝今宜可
堅修梵行，當得生天，受斯快樂。」聞已歡欣，默然而
住。爾時世尊便與難陀，即於天沒，至逝多林。

是時，難陀思慕天宮而修梵行。佛知其意，告阿難
陀曰：「汝今可去告諸苾芻，不得一人與難陀同座而
坐，不得同處經行，不得一竿置衣，不得一處安鉢及著
水瓶，不得同處讀誦經典。」阿難陀傳佛言教，告諸苾
芻，苾芻奉行皆如聖旨。是時難陀既見諸人不共同聚，
極生羞愧。

　　後於一時，阿難陀與諸苾芻，在供侍堂中，縫補衣服。難陀見已，便作是念：「此諸苾芻咸棄於我，不同一處。此阿難陀既是我弟，豈可相嫌？」即去同坐。時阿難陀速即起避。彼言：「阿難陀，諸餘苾芻事容見棄，汝是我弟，何乃亦嫌？」阿難陀曰：「誠有斯理。然仁行別道，我遵異路，是故相避。」答曰：「何謂我道？云何爾路？」答曰：「仁樂生天而修梵行，我求圓寂而除欲染。」聞是語已，倍加憂感。

　　爾時世尊知其心念，告難陀曰：「汝頗曾見捺洛迦不？」答言：「未見。」佛言：「汝可捉我衣角。」即便就執。佛便將去，往地獄中。爾時世尊在一邊立，告難陀曰：「汝今可去觀諸地獄。」難陀即去，先見灰河，次至劍樹糞屎火河。入彼觀察，遂見眾生受種種苦。或見以鉗拔舌、揳齒、抉目；或時以鋸解其身；或復以斧，斫截手足；或以牟羷鑱身；或以捧打稍刺；或以鐵鎚粉碎；或以鎔銅灌口；或上刀山劍樹，碓搗石磨，銅柱鐵床，受諸極苦；或見鐵鑊猛火沸騰，熱焰洪流，煮有情類。見如是等受苦之事，復於一鐵鑊空煮，焱熱中無有情。睹此憂惶，問獄卒曰：「何因緣故？自餘鐵鑊皆煮有情，唯此鑊中空然沸涌。」彼便報曰：「佛弟難陀，唯願生天，專修梵行，得生天上暫受快樂，彼命終後入此鑊中。是故我今然鑊相待。」難陀聞

已，生大恐怖。身毛皆豎，白汗流出。作如是念：「此若知我是難陀者，生叉鑊中。」即便急走，詣世尊處。

佛言：「汝見地獄不？」難陀悲泣雨淚，哽咽而言，出微細聲，白言：「已見。」佛言：「汝見何物？」即如所見，具白世尊。佛告難陀：「或願人間，或求天上，勤修梵行，有如是過。是故汝今當求涅槃，以修梵行。勿樂生天，而致勤苦。」難陀聞已，情懷愧恥，默無所對。爾時世尊知其意已，從地獄出，至逝多林。即告難陀及諸苾芻曰：「內有三垢，謂是婬欲、瞋恚、愚癡，是可棄捨，是應遠離，法當修學。」

爾時，世尊住逝多林未經多日，為欲隨緣化眾生故，與諸徒眾往占波國，住揭伽池邊。時彼難陀與五百苾芻，亦隨佛至往世尊所，皆禮佛足，在一面坐。時佛世尊見眾坐定，告難陀曰：「我有法要，初中後善，文義巧妙，純一圓滿清白梵行，所謂《入母胎經》。汝當諦聽，至極作意，善思念之。我今為說。」難陀言：「唯然，世尊，願樂欲聞。」

佛告難陀：「雖有母胎，有入不入。云何受生入母胎中？若父母染心，共為婬愛，其母腹淨，月期時至，中蘊現前，當知爾時名入母胎。

此中蘊形有其二種：一者形色端正，二者容貌醜
陋。地獄中有，容貌醜陋，如燒杌木；傍生中有，其色
如烟；餓鬼中有，其色如水；人天中有，形如金色；色
界中有，形色鮮白；無色界天元無中有，以無色故。中
蘊有情，或有二手二足，或四足多足，或復無足。隨其
先業應託生處，所感中有，即如彼形。若天中有，頭便
向上；人傍生鬼，橫行而去；地獄中有，頭直向下。凡
諸中有皆具神通，乘空而去，猶如天眼，遠觀生處。

言月期至者，謂納胎時。難陀，有諸女人，或經三
日，或經五日、半月、一月，或有待緣，經久，期水方
至。若有女人，身無威勢，多受辛苦，形容醜陋，無好
飲食，月期雖來，速當止息。猶如乾地，灑水之時，即
便易燥。若有女人，身有威勢，常受安樂，儀容端正，
得好飲食，所有月期，不速止息。猶如潤地，水灑之
時，即便難燥。

云何不入？父精出時，母精不出；母精出時，父精
不出；若俱不出；皆不受胎。若母不淨父淨，若父不淨
母淨，若俱不淨，亦不受胎。若母陰處爲風病所持，或
有黃病痰癊，或有血氣胎結，或爲肉增，或爲服藥，或
麥腹病、蟻腰病，或產門如駝口，或中如多根樹，或如
犁頭，或如車轅，或如藤條，或如樹葉，或如麥芒，或

腹下深，或有上深，或非胎器，或恒血出，或復水流，
或如鵄口常開不合，或上下四邊闊狹不等，或高下凹
凸，或內有蟲食，爛壞不淨。若母有此過者，並不受
胎。

或父母尊貴，中有卑賤；或中有尊貴，父母卑賤；
如此等類，亦不成胎。若父母及中有俱是尊貴，若業不
和合，亦不成胎。若其中有於前境處，無男女二愛，亦
不受生。

難陀，云何中有得入母胎？若母腹淨，中有現前，
見爲欲事，無如上說眾多過患，父母及子有相感業，方
入母胎。

又彼中有欲入胎時，心即顛倒。若是男者，於母生
愛，於父生憎；若是女者，於父生愛，於母生憎。於過
去生所造諸業，而起妄想，作邪解心。生寒冷想，大風
大雨及雲霧想，或聞大眾鬧聲。作此想已，墮業優劣，
復起十種虛妄之相。云何爲十？我今入宅，我欲登樓，
我昇臺殿，我昇床座，我入草菴，我入葉舍，我入草
叢，我入林內，我入牆孔，我入籬間。難陀，其時中有
作此念已，即入母胎。

　　應知受生，名羯羅藍。父精母血，非是餘物。由父母精血和合因緣，爲識所緣，依止而住。譬如依酪、瓶鑽人功，動轉不已，得有酥出，異此不生。當知父母不淨精血，羯羅藍身亦復如是。

　　復次難陀，有四譬喻，汝當善聽。如依青草，蟲乃得生。草非是蟲，蟲非離草。然依於草，因緣和合，蟲乃得生，身作青色。難陀當知，父精母血羯羅藍身，亦復如是。因緣和合，大種根生。如依牛糞生蟲，糞非是蟲，蟲非離糞。然依於糞，因緣和合，蟲乃得生，身作黃色。難陀當知，父精母血羯羅藍身，亦復如是。因緣和合，大種根生。如依棗生蟲，棗非是蟲，蟲非离棗。然依於棗，因緣和合，虫乃得生，身作赤色。難陀，當知父精母血羯羅藍身，亦復如是。因緣和合，大種根生。如依酪生蟲，身作白色。廣說乃至因緣和合，大種根生。

　　復次難陀，依父母不淨羯羅藍故，地界現前，堅鞕爲性。水界現前，濕潤爲性。火界現前，溫煖爲性。風界現前，輕動爲性。難陀，若父母不淨羯羅藍身，但有地界，無水界者，便即乾燥，悉皆分散，譬如手握乾麨灰等。若但水界無地界者，即便離散，如油渧水。由水界故，地界不散；由地界故，水界不流。難陀，羯羅藍

身有地水界無火界者，而便爛壞，譬如夏月陰處肉團。
難陀，羯羅藍身但有地水火界，無風界者，即便不能增
長廣大。此等皆由先業爲因，更互爲緣，共相招感，識
乃得生。地界能持，水界能攝，火界能熟，風界能長。

難陀，又如有人若彼弟子熟調沙糖，即以氣吹，令
其增廣，於內虛空，猶如藕根。內身大種，地水火風業
力增長，亦復如是。難陀，非父母不淨有羯羅藍體，亦
非母腹，亦非是業，非因非緣，但由此等眾緣和會，方
始有胎。

如新種子，不被風日之所損壞，堅實無穴，藏舉合
宜，下於良田，并有潤澤，因緣和合，方有牙莖。枝葉
花果，次第增長。難陀，此之種子，非離緣合，牙等得
生。如是應知，非唯父母，非但有業及以餘緣，而胎得
生。要由父母精血因緣和合，方有胎耳。

難陀，如明眼人爲求火故，將日光珠置於日中，以
乾牛糞而置其上，方有火生。如是應知，依父母精血因
緣合故，方有胎生。

父母不淨成羯羅藍，號之爲色、受、想、行、識，
即是其名，說爲名色。此之蘊聚可惡，名色託生諸有，

乃至少分刹那，我不讚歎。何以故？生諸有中，是爲大苦。譬如糞穢，少亦是臭。如是應知，生諸有中，少亦名苦。此五取蘊——色受想行識，皆有生住增長及以衰壞。生即是苦；住即是病；增長、衰壞即是老死。是故難陀，誰於有海而生愛味，臥母胎中受斯劇苦?!

復次難陀，如是應知凡入胎者，大數言之，有三十八七日。

初七日時，胎居母腹，如楇如癰，臥在糞穢，如處鍋中。身根及識，同居一處。壯熱煎熬，極受辛苦，名羯羅藍。狀如粥汁，或如酪漿。於七日中，內熱煎煮。地界堅性，水界濕性，火界煖性，風界動性，方始現前。

難陀，第二七日，胎居母腹，臥在糞穢，如處鍋中。身根及識，同居一處。壯熱煎熬，極受辛苦。於母腹中，有風自起，名爲遍觸，從先業生，觸彼胎時，名頞部陀。狀如稠酪，或如凝酥。於七日中，內熱煎煮，四界現前。

難陀，第三七日，廣説如前。於母腹中，有風名刀鞘口，從先業生，觸彼胎時，名曰閉尸。狀如鐵箸，或

如蚯蚓。於七日中，四界現前。

難陀，第四七日，廣說如前。於母腹中，有風名爲內門，從先業生，吹擊胎箭，名爲健南。狀如鞋楥，或如溫石。於七日中，四界現前。

難陀，第五七日，廣說如前。於母腹中，有風名曰攝持。此風觸胎，有五相現。所謂兩臂、兩腔及頭。譬如春時，天降甘雨，樹林鬱茂，增長枝條。此亦如是，五相顯現。

難陀，第六七日，於母腹中，有風名曰廣大。此風觸胎，有四相現，謂兩肘兩膝。如春降雨，蘡草生枝。此亦如是，四相顯現。

難陀，第七七日，於母腹中，有風名爲旋轉。此風觸胎，有四相現，謂兩手兩腳。猶如聚沫，或如水苔。有此四相。

難陀，第八七日，於母腹中，有風名曰翻轉。此風觸胎，有二十相現，謂手足十指，從此初出。猶如新雨，樹根始生。

難陀，第九七日，於母腹中，有風名曰分散。此風觸胎，有九種相現。謂二眼二耳二鼻并口，及下二穴。

難陀，第十七日，於母腹中，有風名曰堅鞕，令胎堅實。即此七日，於母胎中，有風名曰普門。此風吹脹胎藏，猶如浮囊，以氣吹滿。

難陀，第十一七日，於母胎中，有風名曰踈通。此風觸胎，令胎通徹，有九孔現。若母行立坐臥，作事業時，彼風旋轉虛通，漸令孔大。若風向上，上孔便開；若向下時，即通下穴。譬如鍛師及彼弟子，以囊扇時，上下通氣。風作事已，即便隱滅。

難陀，第十二七日，於母腹中，有風名曰曲口。此風吹胎，於左右邊作大小腸，猶如藕絲。如是依身交絡而住。即此七日，復有風名曰穿髮，於彼胎內作一百三十節，無有增減。復由風力，作百一禁處。

難陀，第十三七日，於母腹中，以前風力，知有飢渴。母飲食時，所有滋味，從臍而入，藉以資身。

難陀，第十四七日，於母腹中，有風名曰線口。其風令胎生一千筋。身前有二百五十，身後有二百五十，

右邊二百五十，左邊二百五十。

難陀，第十五七日，於母腹中，有風名曰蓮花。能與胎子，作二十種脈，吸諸滋味。身前有五，身後有五，右邊有五，左邊有五。其脈有種種名及種種色。或名伴，或名力，或名勢。色有青黃赤白豆蘇油酪等色。更有多色，共相和雜。難陀，其二十脈，別各有四十脈，以爲眷屬。合有八百吸氣之脈，於身前後左右，各有二百。難陀，此八百脈，各有一百道脈，眷屬相連，合有八萬。前有二萬，後有二萬，右有二萬，左有二萬。難陀，此八萬脈復有眾多孔穴，或一孔二孔，乃至七孔，一一各與毛孔相連，猶如藕根，有多孔隙。

難陀，第十六七日，於母腹中，有風名曰甘露行。此風能爲方便，安置胎子二眼處所，如是兩耳、兩鼻、口咽、胸臆，令食入得停貯之處，能令通過出入氣息。譬如陶師及彼弟子，取好泥團安在輪上，隨其器物形勢安布，令無差舛。此由業風能作如是，於眼等處隨勢安布，乃至能令通過出入氣息，亦無爽失。

難陀，第十七七日，於母腹中，有風名曰毛拂口。此風能於胎子眼、耳、鼻、口、咽喉、胸臆、食入之處，令其滑澤，通出入氣息，安置處所。譬如巧匠，若

彼男女，取塵翳鏡，以油及灰，或以細土，揩拭令淨。
此由業風能作如是，安布處所，無有障礙。

難陀，第十八七日，於母腹中，有風名曰無垢，能
令胎子六處清淨。如日月輪，大雲覆蔽，猛風忽起，吹
雲四散，光輪清淨。難陀，此業風力令其胎子六根清
淨，亦復如是。

難陀，第十九七日，於母腹內，令其胎子成就四根
——眼耳鼻舌。入母腹時，先得三根，謂身命意。

難陀，第二十七日，於母腹中，有風名曰堅固。此
風依胎，左腳生指節二十骨，右腳亦生二十骨，足跟四
骨，髀有二骨，膝有二骨，胻有二骨，腰髖有三骨，脊
有十八骨，脇有二十四骨。復依左手生指節二十骨，復
依右手亦生二十。腕有二骨，臂有四骨，胸有七骨，肩
有七骨，項有四骨，頷有二骨，齒有三十二骨，髑髏四
骨。難陀，譬如塐師或彼弟子，先用鞕木作其相狀，次
以繩纏，後安諸泥以成形像。此業風力安布諸骨，亦復
如是。此中大骨數有二百，除餘小骨。

難陀，第二十一七日，於母腹中，有風名曰生起，
能令胎子身上生肉。譬如泥師先好調泥，泥於牆壁，此

風生肉亦復如是。

　　難陀，第二十二七日，於母腹中有風名曰浮流。此風能令胎子生血。

　　難陀，第二十三七日，於母腹內，有風名曰淨持。此風能令胎子生皮。

　　難陀，第二十四七日，於母腹中，有風名曰滋漫。此風能令胎子皮膚光悅。

　　難陀，第二十五七日，於母腹中，有風名曰持城。此風能令胎子血肉滋潤。

　　難陀，第二十六七日，於母腹中，有風名曰生成。能令胎子身生髮毛爪甲，此皆一一共脈相連。

　　難陀，第二十七七日，於母腹中，有風名曰曲藥。此風能令胎子髮毛爪甲悉皆成就。

　　難陀，由其胎子先造惡業慳澀悋惜，於諸財物堅固執著，不肯惠施，不受父母師長言教，以身語意造不善業，日夜增長，當受斯報。若生人間，所得果報皆不稱

意。若諸世人以長爲好，彼即短；若以短爲好，彼即
長；以粗爲好，彼即細；若以細爲好，彼即粗；若支節
相近爲好，彼即相離；若相離爲好，彼即相近；若多爲
好，彼即少；若少爲好，彼即多；愛肥便瘦，愛瘦便
肥；愛怯便勇，愛勇便怯；愛白便黑，愛黑便白。難
陀，又由惡業感得惡報。聾盲瘖瘂，愚鈍醜陋。所出音
響，人不樂聞。手足攣躄，形如餓鬼。親屬皆憎，不欲
相見，況復餘人！所有三業向人說時，他不信受，不將
在意。何以故？由彼先世造諸惡業，獲如是報。

　　難陀，由其胎子先修福業，好施不慳，憐愍貧乏，
於諸財物無悋著心，所造善業日夜增長，當受勝報。若
生人間，所受果報悉皆稱意。若諸世人以長爲好則長，
若以短爲好則短。粗細合度，支節應宜。多少、肥瘦、
勇怯、顏色，無不愛者。六根具足，端正超倫。詞辯分
明，音聲和雅。人相皆具，見者歡喜。所有三業，向人
說時，他皆信受，敬念在心。何以故？由彼先世造諸善
業，獲如是報。

　　難陀，胎若是男，在母右脇蹲居而坐，兩手掩面向
母脊住。若是女者，在母左脇蹲居而坐，兩手掩面向母
腹住。在生藏下，熟藏之上。生物下鎮，熟物上刺，如
縛五處，插在尖標。若母多食或時少食，皆受苦惱。如

是，若食極膩，或食乾燥，極冷極熱，鹹淡苦醋，或太甘辛。食此等時，皆受苦痛。若母行欲，或急行走，或時危坐，久坐久臥，跳躑之時，悉皆受若。難陀當知，處母胎中，有如是等種種諸苦，逼迫其身，不可具説。於人趣中受如此苦，何況惡趣地獄之中苦難比喻。是故難陀，誰有智者，樂居生死無邊苦海，受斯厄難？

難陀，第二十八七日，於母腹中，胎子便生八種顛倒之想。云何爲八？所謂屋想、乘想、園想、樓閣想、樹林想、床座想、河想、池想。實無此境，妄生分別。

難陀，第二十九七日，於母腹中，有風名曰花條。此風能吹胎子，令其形色鮮白淨潔。或由業力，令色黧黑，或復青色，更有種種雜類顏色。或令乾燥，無有滋潤。白光黑光隨色而出。

難陀，第三十七日，於母腹中，有風名曰鐵口。此風能吹胎子，髮毛爪甲令得生長。白黑諸光皆隨業現，如上所説。

難陀，第三十一七日，於母腹中胎子漸大。如是三十二七、三十三七、三十四七日已來，增長廣大。

難陀，第三十五七日，子於母腹，支體具足。

難陀，第三十六七日，其子不樂住母腹中。

難陀，第三十七七日，於母腹中，胎子便生三種不顛倒想，所謂不淨想、臭穢想、黑暗想，依一分説。

難陀，第三十八七日，於母腹中，有風名曰藍花。此風能令胎子轉身向下，長舒兩臂趣向産門。復次有風名曰趣下，由業力故，風吹胎子，令頭向下，雙腳向上，將出産門。

難陀，若彼胎子，於前身中造眾惡業，并墮人胎，由此因緣，將欲出時，手腳橫亂，不能轉側，便於母腹，以取命終。

時有智慧女人或善醫者，以煖蘇油或榆皮汁及餘滑物，塗其手上。即以中指夾薄刀子，利若鋒芒。内如糞廁，黑闇臭穢，可惡坑中，有無量千蟲，恒所居止。臭汁常流，精血腐爛，深可厭患。薄皮覆蓋，惡業身瘡。於斯穢處，推手令入，以利刀子臠割兒身，片片抽出。其母由斯受不稱意，極痛辛苦，因此命終。設復得存，與死無異。

　難陀，若彼胎子善業所感，假令顛倒，不損其母。安隱生出，不受辛苦。難陀，若是尋常無此厄者，至三十八七日，將欲產時，母受大苦。性命幾死，方得出胎。難陀，汝可審觀，當求出離。」

大寶積經卷五十七

佛說入胎藏會
〈 佛為難陀說出家入胎經 〉

大唐三藏　義淨譯

佛說入胎藏會㈡

爾時世尊復告難陀：「汝今既知胎苦、生苦，應識凡受胎生者，是極苦惱。初生之時，或男或女，墮人手內，或在衣等，安在日中，或在陰處，或置搖車，或居床席懷抱之內。由是因緣，皆受酸辛楚毒極苦。

難陀，如牛剝皮，近牆而住，被牆蟲所食；若近樹草，樹草蟲食；若居空處，諸蟲唼食；皆受苦惱。初生亦爾，以煖水洗，受大苦惱。如癩病人皮膚潰爛，膿血橫流。加之杖捶，極受楚切。生身之後，飲母血垢而得長大。言血垢者，於聖法律中，即乳汁是。

難陀，既有如是種種極苦，無一可樂，誰有智者，於斯苦海而生愛戀，常爲流轉無有休息!?

生七日已，身內即有八萬戶蟲，縱橫噉食。難陀，有一戶蟲，名曰食髮，依髮根住，常食其髮。有二戶蟲：一名伏藏，二名麁頭。依頭而住，常食其頭。有一戶蟲，名曰繞眼，依眼而住，常食於眼。有四戶蟲：一名驅逐，二名奔走，三名屋宅，四名圓滿。依腦而住，常食於腦。有一戶蟲，名曰稻葉，依耳食耳。有一戶蟲，名曰藏口，依鼻食鼻。有二戶蟲：一名遙擲，二名

遍擲，依脣食脣。有一戶蟲，名曰蜜葉，依齒食齒。有
一戶蟲，名曰木口，依齒根食齒根。有一戶蟲，名曰針
口，依舌食舌。有一戶蟲，名曰利口，依舌根食舌根。
有一戶蟲，名曰手圓，依齶食齶。復有二戶蟲：一名手
網，二名半屈，依手掌食手掌。有二戶蟲：一名短懸，
二名長懸，依腕食腕。有二戶蟲：一名遠臂，二名近
臂，依臂食臂。有二戶蟲：一名欲吞，二名已吞，依喉
食喉。有二戶蟲：一名有怨，二名大怨，依胸食胸。有
二戶蟲：一名螺貝，二名螺口，依肉食肉。有二戶蟲：
一名有色，二名有力，依血食血。有二戶蟲：一名勇
健，二名香口，依筋食筋。有二戶蟲：一名不高，二名
下口，依脊食脊。有二戶蟲，俱名脂色，依脂食脂。有
一戶蟲，名曰黃色，依黃食黃。有一戶蟲，名曰真珠，
依腎食腎。有一戶蟲，名曰大真珠，依腰食腰。有一戶
蟲，名曰未至，依脾食脾。有四戶蟲：一名水命，二名
大水命，三名針口，四名刀口，依腸食腸。有五戶蟲：
一名月滿，二名月面，三名暉曜，四名暉面，五名別
住，依右脅食右脅。復有五蟲，名同於上，依左脅食左
脅。復有四蟲，一名穿前，二名穿後，三名穿堅，四名
穿住，依骨食骨。有四戶蟲：一名大白，二名小白，三
名重雲，四名臭氣，依脈食脈。有四戶蟲：一名師子，
二名備力，三名急箭，四名蓮花，依生藏食生藏。有二
戶蟲：一名安志，二名近志，依熟藏食熟藏。有四戶

蟲：一名鹽口，二名蘊口，三名網口，四名雀口，依小
便道食尿而住。有四戶蟲：一名應作，二名大作，三名
小形，四名小束，依大便道食糞而住。有二戶蟲：一名
黑口，二名大口，依髀食髀。有二戶蟲：一名癩，二名
小癩，依膝食膝。有一戶蟲，名曰愚根，依脛食脛。有
一戶蟲，名曰黑項，依腳食腳。

　　難陀，如此之身甚可厭患，如斯色類，常有八萬戶
蟲，日夜噉食。由此令身熱惱羸瘦，疲困飢渴。又復心
有種種苦惱，憂愁悶絕，衆病現前，無有良醫能爲除
療。

　　難陀，於大有海生死之中，有如是苦，云何於此而
生愛樂？復爲諸神病之所執持。所謂天神、龍神八部所
持，及諸鬼神，乃至羯吒布單那，及餘禽獸諸魅所持，
或爲日月星辰所厄。此等鬼神作諸病患，逼惱身心，難
可具說。」

　　佛告難陀：「誰於生死樂入母胎，受極辛苦？如是
生成，如是增長，飲母乳血及諸飲食，妄生美想，漸至
長成。假令身得安樂無病，衣食恣情，壽滿百歲，於此
生中，睡眠減半。初爲嬰兒，次爲童子，漸至成長。憂
悲患難，衆病所逼。無量百苦，觸惱其身，難可說盡。

身內諸苦難忍受時，不願存生，意便求死。如是之身，苦多樂少。雖復暫住，必當謝滅。

難陀，生者皆死，無有常存。假使藥食資養壽命，得延年歲，終歸不免死王所殺，送往空田。是故當知，生無可樂。來世資糧應勤積集，勿作放逸，精修梵行，莫為嬾惰。於諸利行、法行、功德行、純善行，常樂修習。恒觀自身善惡二業，繫在於心，勿令後時生大追悔。一切所有愛樂之事，皆悉別離。隨善惡業，趣於後世。

難陀，壽命百年，有其十位：初謂嬰兒位，臥於襁褓；二謂童子，樂為兒戲；三謂少年，受諸欲樂；四謂少壯，勇健多力；五謂盛年，有智談論；六謂成就，能善思量巧為計策；七謂漸衰，善知法式；八謂朽邁，眾事衰弱；九謂極老，無所能為；十謂百年，是當死位。難陀，梗概大位，略說如是。計准四月以為一時，百年之中有三百時，於春夏冬各有其百。一年十二月，總有一千二百月。若半月為數，總有二千四百半月。於三時中各有八百半月，總有三萬六千晝夜。一日再食，總有七萬二千度食。雖有緣不食，亦在其數。不食緣者，所謂瞋恨不食，遭苦不食，或求索不得，睡眠、持齋、掉戲不食，事務不食。食與不食，而共合集，數有爾許，

并飲母乳。人命百年，我已具説。年月晝夜及飲食數，汝應生厭。

難陀，如是生成長大，身有眾病。所謂頭目、耳、鼻、舌、齒、咽、喉、胸、腹、手、足、疥、癩、癲、狂、水腫、欬嗽、風、黃、熱、瘲，眾多瘧病，支節痛苦。難陀，人身有如是病苦。復有百一風病，百一黃病，百一痰瘧病，百一總集病，總有四百四病，從內而生。難陀，身如癩箭，眾病所成，無暫時停，念念不住。體是無常，苦，空，無我。恒近於死，敗壞之法，不可保愛。難陀，凡諸眾生復有如是生受苦痛，謂截手足眼耳鼻舌頭及支分。復受獄囚，枷鎖杻械，鞭打拷楚，飢渴困苦，寒熱雨雪，蚊虻蟻子，風塵猛獸及諸惡觸。種種諸惱，無量無邊，難可具説。有情之類常在如是堅鞕苦中，愛樂沈没。諸有所欲，苦爲根本。不知棄捨，更復追求。日夜煎迫，身心被惱。內起燒然，無有休息。如是生苦、老若、病苦、死苦、愛別離苦、怨憎會苦、求不得苦、五取蘊苦。四威儀中，行立坐臥亦皆是苦。若常行時，不立坐臥，即受苦無樂。若常立時，不行坐臥；若坐，不行立臥；若臥，不行立坐；皆受極苦而無安樂。

難陀，此等皆是捨苦求苦，唯是苦生，唯是苦滅。

諸行因緣相續而起，如來了知故，説有情生死之法。諸行無常，非真究竟，是變壞法，不可保守。當求知足，深生厭患，勤求解脱。難陀，於善趣中，有情之類，生處不淨，苦劇如是。種種虛誑，説不可盡。何況具説，於三惡趣餓鬼傍生地獄，有情所受楚毒難忍之苦。」

復次難陀：「有其四種入於母胎。云何爲四？一者有情正念入，正念住，正念出；二者正念入，正念住，不正念出；三者正念入，不正念住出；四者三皆不正念。誰是正念入住出？如有一類凡夫有情，性愛持戒，數習善品，樂爲勝事，作諸福行。極善防護，恒思質直，不爲放逸。有大智慧，臨終無悔。即便受生，或是七生預流，或是家家，或是一來，或是一間，此人由先修善行故，臨命過時，雖苦來逼，受諸痛惱，心不散亂，正念而終。復還正念，入母胎内。了知諸法由業而生，皆從因緣而得生起，常與諸魔作居止處。

難陀，應知此身恒是一切不淨窟宅，體非常住，是愚癡物，誘誑迷人。此身以骨而作機關，筋脈相連，通諸孔穴。脂肉骨髓，共相纏縛，以皮覆上，不見其過。於熱窟中不淨充滿，髮毛爪齒分位差別。執我我所故，恒被拘牽，不得自在。常出涕唾，穢污流污，黃水痰癊，爛壞脂膩，腎膽肝肺大腸小腸，屎尿可惡。及諸蟲

類周遍充滿，上下諸孔常流臭穢。生熟二藏蓋以薄皮，是謂行廁。汝應觀察，凡食噉時，牙齒咀嚼，濕以涎唾，咽入喉中，髓腦相和，流津腹內。如犬咬枯骨，妄生美想。食至臍間，嘔逆覆上，還復卻咽。

難陀，此身元從羯羅藍、頞部陀、閉尸、健南、鉢羅奢佉，不淨穢物，而得生長。嬰兒流轉乃至老死，輪迴繫縛，如黑闇坑，如臭壞井。常以鹹淡苦辛酸等食味而為資養。又母腹火燒煮身根，不淨糞鍋，常嬰熱苦。母若行立坐臥之時，如被五縛，亦如火炙，難可堪忍，無能為喻。難陀，彼胎雖在如是糞穢坑中，眾多苦切，由利根故，心不散亂。

復有一類薄福有情，在母腹內或橫或倒，由其先業因緣力故，或由母食冷熱鹹酸甘辛苦味，不善調故，或飲漿水過量，或多行婬欲，或饒疾病，或懷愁惱，或時倒地，或被打拍。由是等緣，母身壯熱；由身熱故，胎亦燒然；由燒然故，受諸苦惱；由有苦故，便即動轉；由動轉故，或身橫覆，不能得出。有善解女人，以蘇油塗手，內母腹中，緩緩觸胎，令安本處。手觸著時，胎子即便受大苦惱。難陀，譬如幼小男女人，以利刀削破皮肉，散灰於上，由斯便有大苦惱生。胎子楚毒，亦復如是。雖受此痛，由利根故，正念不散。難陀，此胎如

是住母腹中，受如斯苦。又欲產時，辛苦而出。由彼業
風，令手交合，支節拳縮，受大劇苦。欲出母胎，身體
青瘀。猶如初腫，難可觸著。飢渴逼迫，心懸熱惱。由
業因緣，被風推出。既出胎已，被外風觸，如割塗炭。
手衣觸時，皆受極苦。雖受此苦，由上利根故，正念不
亂。於母腹中，知入住出悉皆是苦。難陀，誰當樂入如
是胎中？！

　　難陀，誰是於母腹正念入住，不正念出？難陀，如
有一類凡夫有情，性樂持戒，修習善品，常爲勝事，作
諸福行。其心質直，不爲放逸。少有智慧，臨終無悔。
或是七生預流，或是家家，或是一來，或是一間。此人
先修善行，臨命終時，雖苦來逼，受諸痛惱，心不散
亂，復還正念，入母胎中。了知諸法由業而生，皆從因
緣而得生起。廣說如上，乃至出胎，雖受如是諸極苦
楚，由是中利根故，入住正念，不正念出。廣說如上，
乃至誰當樂入如是胎中？！

　　難陀，誰是正念入胎，不正住出？難陀，如有一類
凡夫有情，性樂持戒，修習善品，常爲勝事作諸福行，
廣說如上。乃至臨終無悔，或是七生預流等。臨命終
時，眾苦來逼，雖受痛惱，心不散亂。復還正念，入母
胎中。由是下利根故，入胎時知，住出不知。廣說如

上，乃至誰當樂入如是胎中!?

難陀，誰是入住出，俱不正念？如有一類凡夫有
情，樂毀淨戒，不修善品。常爲惡事，作諸惡行。心不
質直，多行放逸。無有智慧，貪財慳悋。手常拳縮，不
能舒展，濟惠於人。恒有希望，心不調順，見行顚倒。
臨終悔恨，諸不善業皆悉現前。當死之時，猛利楚毒，
痛惱逼切，其心散亂。由諸苦惱，不自憶識：我是何
人？從何而來？今何處去？難陀，是謂三時皆無正念。
廣說如上。

難陀，此諸有情生在人中，雖有如是無量苦惱，然
是勝處，於無量百千俱胝劫中，人身難得。若生天上，
常畏墜墮，有愛別離苦。命欲終時，餘天告言：『願汝
當生世間善趣。』云何世間善趣？謂是人天。人趣難
得，遠離難處，更復是難。云何惡趣？謂三惡道。地獄
趣者，常受苦切，極不如意。猛利楚毒，難可譬喻。餓
鬼趣者，性多瞋恚，無柔軟心。諂誑殺害，以血塗手。
無有慈悲，形容醜陋，見者恐怖。設近於人，受飢渴
苦，恒被障礙。傍生趣者，無量無邊，作無義行、無福
行、無法行、無善行、無淳質行。互相食噉，強者凌
弱。有諸傍生，若生若長若死，皆在暗中不淨糞尿垢穢
之處。或時暫明，所謂蜂蝶、蚊蟻、蚤虱、蛆蟲之類。

自餘復有無量無邊，生長常暗。由彼先世是愚癡人，不聽經法，恣身語意。貪著五欲，造衆惡事，生此類中受愚迷苦。

難陀，復有無量無邊傍生有情，生長及死皆在水中，所謂魚鼈、蟬蛭、蚌蛤、蝦蟇之類。由先世業身語意惡，如上廣說。難陀，復有無量無邊傍生有情，聞屎尿香，速往其處，以爲食飲。所謂豬羊、雞犬、狐狢、鵰鷲、烏蠅、蜣蜋、禽獸之類，皆由先世惡業所招，受如是報。難陀，復有無量無邊傍生之類，常以草木及諸不淨，充其飲食，所謂象馬、駝牛、驢騾之屬，乃至命終，由先惡業，受如是報。」

復次難陀：「生死有海，苦哉痛哉。猛焰燒然，極大炎熱，無一衆生不被燒煮。斯等皆由眼耳鼻舌身意，熾盛猛火，貪求前境色聲香味觸法。難陀，云何名爲熾盛猛火？謂是貪瞋癡火，生老病死火，憂悲苦惱毒害之火，常自燒然，無一得免。難陀，懈怠之人多受衆苦，煩惱嬰纏，作不善法，輪迴不息，生死無終。勤策之人多受安樂，發勇猛心，斷除煩惱，修習善法，不捨善軛，無休息時。是故汝今應觀此身，皮肉筋骨血脈及髓，不久散壞。常當一心，勿爲懈怠。未證得者，勤求證悟，如是應學。

　難陀，我不共世間作諸諍論，然而世間於我強為諍論。所以者何？諸知法者，不與他諍。離我我所，共誰為論？由無見解起妄執故，我證正覺，作如是語：我於諸法無不了知。難陀，我所言說有差異不？」難陀言：「不也，世尊。如來說者，無有差異。」

　佛言：「善哉！善哉！難陀，如來所說必無差異。如來是真語者、實語者、如語者、不異語者、不誑語者，欲令世間長夜安樂，獲大勝利。是知道者，是識道者，是說道者，是開道者，是大導師。如來、應供、正等覺、明行足、善逝、世間解、無上士、調御丈夫、天人師、佛、世尊。世間之人無知無信，常與諸根而為奴僕。唯見掌中，不觀大利。易事不修，難者恒作。

　難陀，且止如斯智慧境界，汝今應以肉眼所見而觀察之，知所見者皆是虛妄，即名解脫。難陀，汝莫信我，莫隨我欲，莫依我語，莫觀我相，莫隨沙門所有見解，莫於沙門而生恭敬，莫作是語：『沙門喬答摩是我大師。』然而但可於我自證所得之法，獨在靜處思量觀察，常多修習，隨於用心所觀之法，即於彼法觀想成就，正念而住，自為洲渚，自為歸處？法為洲渚，法為歸處。無別洲渚，無別歸處。難陀，云何苾芻自為洲渚？自為歸處？法為洲渚，法為歸處。無別洲渚，無別

歸處？如是難陀，若有苾芻於自內身隨觀而住，勤勇繫念得正解了，於諸世間所有恚惱，常思調伏，是謂隨觀內身是苦。若觀外身及內外身，亦復如是。

難陀，次於集法，觀身而住，觀滅而住。復於集滅二法，觀身而住。即於此身，能爲正念。或但有智，或但有見，或但有念，無依而住。於此世間，知無可取。如是難陀，是謂苾芻於自內身隨觀而住。外身、內外身爲觀亦爾。

次觀內受、外受，及內外受而住，觀內心、外心，及內外心而住。觀內法、外法，及內外法而住。勤勇繫念，得正解了，於諸世間所有恚惱，常思調伏，觀集法住，觀滅法住。復於集滅二法，觀法而住。即於此身能爲正念，或但有智，或但有見，或但有念，於此世間，知無可取。如是難陀，是謂苾芻自爲洲渚，自爲歸處；法爲洲渚，法爲歸處；無別洲渚，無別歸處。

難陀，若有丈夫稟性質直，遠離諂誑，於晨朝時來至我所，我以善法隨機教示，彼至暮時，自陳所得。暮以法教，旦陳所得。難陀，我之善法，現得證悟，能除熱惱，善應時機，易爲方便，是自覺法，善爲覆護。親對我前，聞所説法，順於寂靜，能趣菩提，是我所知。

是故汝今見有自利，見有他利，及二俱利。如是等法應常修學。於出家法，謹慎行之，勿令空過，當獲勝果。無爲安樂，受他供給衣食、臥具、病藥等物，令其施主獲大福利，得勝果報，尊貴廣大。如是難陀，應當修學。」

復次難陀：「未有一色是可愛樂。能於後時不變壞者，無有是處。不起憂悲，不生煩惱者，亦無是處。難陀，於汝意云何？此色是常，爲是無常？」「大德，體是無常。」「難陀，體既無常，爲是苦不？」「大德，是苦若無常，苦即變壞法。我諸多聞聖弟子眾，計色是我，我有諸色。色屬於我，我在色中不？」白言：「不也，世尊。於汝意云何？受想行識是常？無常？」「大德，皆是無常。」「難陀，體既無常，爲是苦不？」「大德，是苦若無常，苦即變壞法。我諸多聞聖弟子眾，計受等是我，我有受等。受等屬我，我在受等中不？」「不也，世尊。」

「是故應知凡是諸色，若過去，若未來，若現在；若內，若外；若粗，若細；若勝，若劣；若遠，若近；所有諸色皆非是我。我不有色，色不屬我，我不在色中。如是，應以正念、正慧、而審觀察受想行識。若過去，若未來，若現在；若內，若外；若粗，若細；若

勝，若劣；若遠，若近；此等亦非是我，我亦非有此
等，我亦非在此中。如是應以正念正慧而審觀察。若我
多聞聖弟子眾，如是觀察，於色厭患，復於受想行識亦
生厭患。若厭患已，即不染著；既無染著，即得解脫；
既解脫已，自知解脫。作如是言：我生已盡，梵行已
立，所作已辦，不受後有。」

爾時世尊説此法已，時具壽難陀遠塵離垢，得法眼
淨。五百苾芻於諸有漏，心得解脫。爾時世尊重説伽
他，告難陀曰：

若人無定心	即無清淨智	不能斷諸漏	是故汝勤修
汝常修妙觀	知諸蘊生滅	清淨若圓滿	諸天悉欣慶
親友共交歡	往來相愛念	貪名著利養	難陀汝應捨
勿親近在家	及於出家者	念超生死海	窮盡苦邊際
初從羯羅藍	次生於肉疱	肉疱生閉尸	閉尸生健南
健南暫轉變	生頭及四支	眾骨聚成身	皆從業因有
頂骨合九片	頷車兩骨連	齒有三十二	其根亦如是
耳根及頸骨	腭骨并鼻梁	胸臆與咽喉	總有十二骨
眼眶有四骨	肩偶亦兩雙	兩臂及指頭	總有五十骨
項後有八骨	脊梁三十二	此各有根本	其數亦四分
右脇邊肋骨	相連有十三	左脇相連生	亦有十三骨
此等諸骨鎖	三三相續連	二二相鈎牽	其餘不相續
左右兩腿足	合有五十骨	總三百十六	支柱於身肉

骨節相鈎綴　合成眾生體　實語者記説　正覺之所知
從足至於頂　雜穢不堅牢　由此共成身　脆危如葦舍
無梢唯骨立　血肉遍塗治　同機關木人　亦如幻化像
應觀於此身　筋脈更纏繞　濕皮相裹覆　九處有瘡門
周遍常流溢　屎尿諸不淨　譬如倉與篅　盛諸穀麥等
此身亦如是　雜穢滿其中　運動骨機關　危脆非堅實
愚夫常愛樂　智者無染著　洟唾污常流　膿血恒充滿
黃脂雜乳汁　腦滿髑髏中　胸鬲痰癊流　內有生熟藏
肋膏與皮膜　五藏諸腹胃　如是臭爛等　諸不淨同居
罪身深可畏　此即是怨家　無識耽欲人　愚癡常保護
如是臭穢身　猶如朽城郭　日夜煩惱逼　遷流無暫停
身城骨牆壁　血肉作塗泥　畫彩貪瞋癡　隨處而莊飾
可惡骨身城　血肉相連合　常被惡知識　內外苦相煎
難陀汝當知　如我之所説　晝夜常繫念　勿思於欲境
若欲遠離者　常作如是觀　勤求解脱處　速超生死海

　　爾時世尊説是《入胎經》已，具壽難陀及五百苾芻
皆大歡喜，信受奉行。

　　難陀苾芻越生死海險難之處，能至安隱究竟涅槃，
獲阿羅漢果，説自慶頌曰：
　　敬心奉澡浴　淨水及塗香　并修諸福田　獲斯殊勝報

　　時諸大眾聞是說已，咸皆有疑。爲斷疑故，請大師曰：「大德，難陀苾芻先作何業？由彼報得金色之身，具三十相以自嚴飾，望世尊身但少四指，於婬欲境極生愛著。大師哀愍，於生死海強拔令出，方便安置究竟涅槃。惟願爲說。」

　　佛告諸大眾：「難陀苾芻，先所作業，果報成熟，皆悉現前，廣說如餘。」即說頌曰：「

　　假使經百劫　所作業不亡　因緣會遇時　果報還自受

　　汝等諦聽。過去世時，九十一劫，人壽八萬歲，有毘鉢尸佛、如來、應供、正等覺、明行足、善逝、世間解、無上士、調御丈夫、天人師、佛、世尊出現於世，與六萬二千苾芻，遊行人間，至親慧城王所都處，往親慧林，即於此住。時彼世尊有異母弟，於婬欲境極生愛著。其毘鉢尸如來應正等覺，於生死海勸令出家，方便安置究竟涅槃。時彼國王名曰有親，以法化世。人民熾盛，豐樂安隱。無諸詐僞、賊盜、疾疫，牛羊稻蔗，在處充滿。王異母弟極耽婬染。王聞佛眾住親慧林，將諸王子親侍大臣，及內宮女人民翊從，往詣佛所，頂禮佛足，退坐一面。

　　爾時世尊爲彼王眾宣揚妙法，示教利喜，得殊勝

解。其弟耽欲不肯出門，時大臣子及餘知友撫塵之類，詣而告曰：『善友知不？王及王子并諸內宮大臣人眾，往毘鉢尸佛所，躬行禮敬，聽受妙法，獲殊勝解。人身難得，汝已得之。如何今時耽著婬欲，不肯出門？』彼聞責已，心生愧恥，俛仰相隨，同行而去。時佛弟苾芻，見諸徒侶共行而去，問曰：『何故君等將此一人共伴而去？』時彼同伴具以事白。苾芻曰：『我是佛弟，昔在家時，於諸欲境極生耽著，幸蒙大師強牽令出，安隱將趣究竟涅槃。更有如是愚癡之輩，與我相似。仁等慈悲強共將去，誠為大善。今可往詣無上大師，得至佛所，必生深信。』時彼同伴共至佛所。

佛觀彼類，稱根欲性而為說法。既得聞已，深起信心，從座而起，偏袒右肩，合掌向佛白言：『世尊，唯願大師及諸聖眾，明至我家入溫室澡浴。』佛默然受。彼知受已，禮佛雙足，奉辭而去。遂至王所，申恭敬已，白言：『大王，我詣佛所，聞法生信。於婬欲境，起厭離心。奉請佛僧明至我家入溫室浴，如來大師慈悲為受。佛是人天所應供養，王今宜可灑掃街衢，嚴飾城郭。』王作是念：佛來入城，我當嚴飾。然我之弟耽欲難諫，佛今調伏，實誠希有。答言：『甚善。汝今可去營辦澡浴所須之物，我當隨力嚴飾城隍。』弟生大喜，辭王而去。

　　王告諸臣曰：『當可唱令普告諸人，明日世尊將入城內，諸舊住者及遠方來，汝等諸人，咸當隨力嚴飾城郭，灑掃街衢，持諸香花迎大師入。』臣奉王教，普告令知，具宣王勅。時諸人眾於彼城中，除去瓦礫，遍灑香水，燒諸妙香。懸眾幡蓋，散花供養，如天帝釋歡喜之園。時彼王弟辦諸香湯及香油等，莊嚴浴室，敷置床座。毘鉢尸佛漸欲至城，王及諸臣、太子、后妃、宮人、婇女，及諸人眾，咸出奉迎，遙禮佛足，隨從入城。

　　時彼王弟引佛世尊入溫室內，授香水等以充澡浴。見佛世尊身如金色，三十二相，八十種好，周遍莊嚴。見已歡喜，生深信心。洗浴既竟，著衣服已，即便頂禮世尊雙足，發是願言：『我今幸遇最上福田，微申供養。願此善因，於未來世，身得金色，與佛無異。如世尊弟，於欲境中深生耽著，強拔令出，得趣安隱，究竟涅槃。願我當來，得為佛弟。獲金色身，亦復如是。我於欲境生耽著時，強牽令出愛染深河，得趣涅槃安隱之處。』汝等苾芻勿生異念，彼親慧王耽欲之弟，即難陀苾芻，是由於昔時請毘鉢尸佛入浴室中，香湯澡浴，淨心發願。彼之善因，今為佛弟，身作金色。我於耽著婬欲之境，強拔令出，捨俗出家。究竟涅槃，至安隱處。」

　　時諸大眾更復有疑，請世尊曰：「大德，難陀苾芻曾作何業，今身感得三十大丈夫相？」

　　佛告諸大眾：「彼所作業，廣說如前。乃往過去於聚落中有一長者，大富多財，資生無乏。有一苑園，花果茂盛，流泉浴池，林木森竦，堪出家人棲隱之處。時有獨覺出現於世，哀愍眾生處於閑靜，世間無佛，唯此福田。于時有一獨覺尊者遊行人間，至斯聚落，周旋觀察，屆彼園中。其守園人既見尊者，告言：『善來，為解勞倦。』尊者住此，即於中夜入火光定。園人見已，作如是念：『此之大德成斯勝行。』即便夜起往就家尊，告言大家：『宜於今者生慶喜心。於苑園中有一大德來投我宿，成就妙行，具足神通，放大光明，遍照園內。』長者聞已，疾往園中。禮雙足已，作如是言：『聖者，仁為求食，我為福因，幸住此園，我常施食。』彼見慇懃，即便為受，住此園內，入勝妙定解脫之樂。復作是念：『我此臭身輪迴生死，所應作者并已獲得，宜入圓寂，永證無生。』作是念已，即昇虛空，入火光定，現諸神變，放大光明。上燭紅輝，下流清水。捨此身已，神識不生，永證無餘妙涅槃界。時彼長者取其屍骸，焚以香木。復持乳汁而滅其火，收餘身骨置新瓶中，造窣堵波，懸諸幡蓋，深生敬信。灑三十種眾妙香水，并發大願求諸相好。汝等諦聽，勿生異念，

往時長者即難陀是。由以勝妙供養，敬信業故，今受果報，感得三十殊妙勝相。」

　　時諸大眾更有疑念，重請世尊：「大德，難陀苾芻曾作何業？若不出家棄塵俗者，必當紹繼力輪王位。」

　　佛告諸苾芻：「難陀先世所造之業，果報熟時必當自受，廣如上說。過去世時，此賢劫中，人壽二萬歲，有迦葉波佛出現世間，十號具足。在婆羅疵斯仙人墮處施鹿林中，依止而住。時彼城中王名訖栗枳，以法化世爲大法王，廣如上說。王有三子，謂大中小。迦葉波佛施化事畢，猶如火盡入大涅槃。其王信敬，取佛遺身，以諸香木栴檀、沈水、海岸、牛頭、天木香等，焚燒既訖，滅以香乳。收其舍利，置金寶瓶。造大窣堵波，皆用四寶。縱廣正等一踰繕那，高半踰繕那安相輪。時王之中子親上中蓋。汝等苾芻勿生異念，時王中子者，即難陀是。由於昔時敬心供養，安置中蓋，斯之善業，於二千五百生中，常爲力輪王，化一洲內。今此生中若不出家者，還作力輪王，得大自在。」

　　時諸大眾更得有疑，請問世尊：「大德，難陀苾芻曾作何業，於佛弟子善護根門最爲第一？」

　　佛言：「此由願力。難陀苾芻於迦葉波佛時，捨俗出家，其親教師，彼佛法中善護根門稱爲第一。盡其形

壽，梵行自持。然於現身竟無證悟，於命終時便發誓
願：『我於佛所，盡斯形壽，梵行自持，然於現身，竟
無所證。願我以此，修行善根。此佛世尊記未來世有摩
納婆當成正覺，號釋迦牟尼。我於彼佛教法之中，出家
離俗，斷諸煩惱，獲阿羅漢。如親教師，於斯佛所，善
護根門，最爲第一。我亦如是，於彼教中守護根門最爲
第一。』由彼願力，今於我所諸弟子中，善護根門最爲
第一。如是苾芻，若純黑業，得純黑報；若純白業，得
純白報；若雜業者，當受雜報。是故汝等離純黑雜業，
修純白業，如是應修。」

佛説胞胎經

西晉月氏國三藏　竺法護譯

　　聞如是。一時，佛遊舍衛國祇樹給孤獨園。於時，賢者難陀燕坐思惟，即起詣佛。及五百比丘俱，共詣佛所。稽首足下，住坐一面。

　　佛告難陀及諸比丘：「當爲汝說經，初語亦善，中語亦善，竟語亦善。分別其義，微妙具足，淨修梵行。當爲汝說，人遇母生受胞胎時。諦聽！善思念之。」「唯然，世尊。」賢者難陀受教而聽。

　　佛告難陀：「何故母不受胎？於是父母起塵染心，因緣合會，母有佳善心志於存樂。神來者至前，母有所失精；或父有所失，母無所失；或父清淨，母不清潔；或母潔淨，父不潔淨；或母爾時，藏所究竟；即不受胎。

　　如是究竟，或有成寒；或時聲近，有滅其精；或有滿；或如藥；或如果中央；或如葷芨中子；或如生果子；或如鳥目；或如懿沙目；或如舍竭目；或如祝伽目；或如眼瞳子；或如樹葉；或合聚如垢；於是或深，或上深；或無器胎；或近音聲；或堅核如珠；或爲虫所食；或近左，或近右；或大清；或卒暴；或不調均，當左反右；或如水瓶；或如果子；或如狼唐；或有衆瑕；

或諸寒俱；或有熱多；或父母貴，來神卑賤；或來神貴，父母卑賤；是故不相過生。等行等志，俱貴俱賤，心同不異，則入母胎。

何故母不受胎？無前諸雜錯事，不和調事，等意同行，俱貴俱賤，宿命因緣，當應生子。來神應遇父母，而當爲子。於時精神或懷二心，所念各異。如是之事，則不和合，不得入胎。」

佛告阿難：「云何得入處母胞胎？其薄福者則自生念：『有水冷風於今天雨，有大眾來欲捶害我，我當走入大蘘草下，或入葉蘘諸草眾聚，或入溪澗深谷，或登高峻，無能得，我得脫冷風及大雨。』大眾於是入屋。福厚得勢，心自念言：『今有冷風，而天大雨，及諸大眾，我當入屋，上大講堂。當在平閣，昇於床榻。』」佛語阿難：「神入母胎，所念若干，各異不同。」

佛語阿難：「神入彼胎，則便成藏。其成胎者，父母不淨，精亦不離。父母不淨，又假依倚。因緣和合，而受胞胎。以故，非是父母，不離父母。譬如阿難，酪瓶如器盛酪，以乳著中。因緣盛酪，或爲生蘇。假使獨爾，不成爲蘇。不從酪出，蘇亦不離酪。因緣和合，乃得爲蘇。如是阿難，不從父母不淨成身，亦不離父母成

身。因父母爲緣，而成胞胎。」

佛告阿難：「譬如生草菜，因之生虫，虫不從草菜出，亦不離草菜，依生草菜，以爲因緣，和合生虫。緣是之中，虫蚤自然。如是阿難，不從父母不淨，不離父母不淨成身。因父母爲緣，而成胞胎。譬如阿難，因小麥出虫，虫不出小麥，亦不離小麥。因小麥爲緣，而得生虫。因是和合，自然生虫。如是阿難，不從父母不淨，不離父母不淨成身。因父母爲緣而成胞胎，得立諸根及與四大。

譬如阿難，因波達果而生虫，虫不從波達果出，亦不離波達果。因波達果爲緣，自然得生。如是阿難，不從父母不淨，不離父母不淨成身。因父母爲緣而成胞胎，得立諸根及與四大。

譬如阿難，因酪生虫，虫不從酪出，亦不離酪。以酪爲緣，自然生虫。如是阿難，不從父母不淨，不離父母不淨成身。因父母爲緣而成胞胎，得立諸根及與四大。

因父母緣則立地種，謂諸堅者；軟濕水種；熱煖火種；氣息風種。假使阿難，因父母故成胞胎者而爲地種，水種令爛。譬如麨中及若肌膚得對便爛。假使因父

母成胞胎，便爲水種，不爲地種，用薄如濕故也。譬如油及水。又阿難，水種依地種不爛壞也。地種依水種而無所著。假使阿難，父母因緣成胞胎者，地種則爲水種，火種不得依也，則壞枯腐。譬如夏五月盛暑時，肉中因火種，塵垢穢臭爛壞則就臭腐。如是阿難，假使因父母胎成地種者，及水種者，其於火種不腐壞敗而沒盡也。假使阿難，因父母胎成地種及水種者，當成火種，無有風種。風種不立，不得長大，則不成就。又阿難，神處於內，緣其罪福，得成四大，地水火風究竟攝持。水種分別，火種因號，風種則得長大，因而成就。」

佛告阿難：「譬如蓮藕生於池中，清淨具足，花合未開。風吹開花，令其長大而得成就。如是阿難，神處於內，因其罪福得成四大成就，地種攝持，水種分別，火種因號，風種而得長大，稍稍成就。非是父母胞胎之緣，人神過生也，非父母福，亦非父體，亦非母體，因緣得合也。非空因緣，亦非眾緣，亦非他緣。又有俱施同其志願，而得合會成胚裏胞胎。

譬如阿難，五穀草木之種，完具不腐不虫，耕覆摩地肥地，下種生茂好。於阿難意云何？其種獨立，因地水號，成其根莖、枝葉、花實。」阿難白佛：「不也，天中天。」

佛言：「如是。阿難，不從父母構精，如成胞裏。不獨父母遺體，亦不自空因緣也。有因緣合成，四大等合因緣等現，得佛胞裏而爲胚胎。

譬如阿難，有目明眼之人，若摩尼珠、陽燧，向日盛明，正中之時，以燥牛糞，若艾若布，尋時出火，則成光焰。計彼火者，不從日出，不從摩尼珠、陽燧、艾生，亦不離彼。又阿難，因緣合會，因緣俱至，等不增減，而火得生。胚胎如是，不從父母，不離父母。又緣父母不淨之精，得成胞裏，因此成色。痛痒思想生死之識，因得號字。緣是得名，由本成色。以此之故，號之名色。又阿難，所從緣起，吾不稱歎，往返終始。」

佛告阿難：「譬如少所瘡病臭處，非人所樂，豈況多乎？少所穿漏瑕穢，何況多乎！如是阿難，少所周旋，在於終始，非吾所歎，何況久長！所以者何？所有終沒，周旋諸患，甚爲勤苦，誰當樂乎！欣悅臭處，入母胚胎耶?!」

佛告阿難：「彼始七時受母胎裏，云何自然而得成胎？始臥未成就時，其胎自然亦復如是。七日處彼停住而不增減，轉稍而熱，轉向堅固，則立地種；其軟濕者，則爲水種；其中煖者，則爲火種；關通其中，則爲

風種。

第二七日，有風名展轉，而徐起吹之。向在左脇或在右脇，而向其身，聚爲胞裹，猶如酪上肥。其精轉堅，亦復如是。彼於七日轉化如熟。其中堅者，則立地種；其軟濕者，則爲水種；其熅燸者，則爲火種；間關其間，則爲風種。」

佛告阿難：「第三七日，其胎之内於母腹中，有風名聲門，而起吹之，令其胎裹，轉就凝堅。凝堅何類？如指著息，瘡息肉壞，精變如是。住中七日，轉化成熟。彼其堅者，則爲地種；軟濕者，則爲水種；其熅燸者，則爲火種；間關其内，則爲風種。」

佛告阿難：「第四七日，其胎之内，母藏起風，名曰飲食。起吹胎裹，令其轉堅。其堅何類？譬如含血之類有子，名曰不注，内骨無信，其堅如是。住彼七日，轉化成熟。彼其堅者，則爲地種；軟濕則爲水種；熅燸則爲火種；間關其内，則爲風種。」

佛告阿難：「第五七日，其胎之内於母腹中藏。次有風起，名曰導御，吹其堅精，變爲體形，成五處應瑞：兩臗、兩肩、一頭。譬如春時，天降於雨，雨從空

中墮，長養樹葉枝。其胎如是，其母藏內，化成五應：
兩臍、兩肩，及其頭。」

佛告阿難：「第六七日，其胎在內於母腹藏，自然
化風，名曰爲水，吹其胎裏，令其身變化，成四應瑞：
兩膝處、兩肘處。」

佛告阿難：「第七七日，其胎裏內於母腹藏，自然
化風，名曰迴轉，吹之令變更，成四應瑞：兩手曼、兩
臂曼。稍稍自長，柔濡軟弱。譬如聚沫乾燥時，其胚裏
內，四應如是，兩手兩足諸曼現處。」

佛告阿難：「第八七日，其胎裏內於母腹藏，自然
化風，名曰退轉。吹其胎裏，現二十應處：十足指處、
十手指處。譬如天雨從空中墮，流澍觚枝，使轉茂盛。
時胚胎內於腹藏，起二十巇：足十指處、手十指處。」

佛告阿難：「第九七日，其胞裏內於母腹藏，自然
風起，吹變九孔：兩眼、兩耳、兩鼻孔、口處，及下兩
孔。」

佛告阿難：「第十七日，其胞裏內於母腹藏，自然
風起，名曰痤短。吹其胎裏，急病暴卒，而甚堅強，在

中七日。其夜七日，自然風起，名曰普門。整理其體，猶如堅強，具足音聲。」

佛告阿難：「第十一七日，胞內於母腹藏，自然化風，名曰理壞。吹其胎裏，整理其形，安正諸散，令母馳走不安，煩躁擾動，舉動柔遲，好笑喜語，戲笑歌舞，風起淚出，如是如坐母胞胎。成時喜申手腳，其胎轉向。成時諸散合立，有風名柱轉，趣頭頂，散其頂上，令其倒轉。譬如鍛師排囊吹，從上轉之。如是阿難，其柱轉風，上至其項。於項上散，轉復往反。其風在項上旋，開其咽口及身中臍。諸曼之指令其穿漏，其侵轉令成就。」

佛告阿難：「第十二七日，其胞裏內於母腹藏，自然化風，名曰膚面。吹其胎裏，令成腸胃左右之形，譬如蓮華根著地。其腸成就，依倚於身，亦復如是，為十八空經縷溝坑。於其七日自然化風，名曰棄毛。吹生其舌，及開其眼，成身百節，令具足成就。不減依倚，生萬一千節。」

佛告阿難：「第十三七日，其胞裏內於母腹藏，覺身體羸，又覺飢渴。母所食飲，入兒體中。兒在胎中，母所食飲，兒因母大長養身。」

佛告阿難：「第十四七日，其胞裏內於母腹藏，自然有風，名曰經縷門。吹其精體，生九萬筋。二萬二千五百在身前，二萬二千五百在背，二萬二千五百在左脇，二萬二千五百在右脇。」

佛告阿難：「第十五七日，其胞裏內於母腹藏，自然化風，名紅蓮花，名曰波曇。吹其兒體，令安二十脈。五脈引在身前，五脈引在背，五脈引在左脇，五脈引在右脇。其脈之中，有無央數不可稱計若干種色，各各有名現目。次名力勢，又名住立，又名堅強。又一種色，或有青色白色。白色爲赤，赤色爲白。或有白色爲黃，或縹變色，蘇色，酪油色，生熱雜錯，熟熱雜錯。其二十脈，一一有四十眷屬，合八百脈。二百在身前，二百在背，二百在左，二百在右，二百二力二尊二力勢。」佛語阿難：「其八百脈，一一之脈有萬眷屬，合爲八萬脈。二萬在胸腹，二萬在背，二萬在左，二萬在右。其八萬脈，有無數空不可計。有一空，次二次三至于七。譬如蓮華莖多有眾孔，次第生一孔二孔三孔至于七孔。如是阿難，其八萬脈亦復如是，有無數根空不可稱計。有一次二次三至于七。」佛告阿難：「其諸脈與毛孔轉相依因。」

佛告阿難：「第十六七日，其胞裏內於母腹藏，自

然化風，名曰無量。吹其兒體，正其骨節，各安其處。
開通兩目、兩耳、鼻孔、口門，及其項頸，周匝定心，
令其食飲，流通無礙。有所立處，諸孔流出流入，逆順
隨體，令不差錯。設使具足無所拘滯，譬如陶家作瓦器
師，若其弟子和泥調好，以作坏形，捶拍令正，補治上
下，令不缺漏，安著其處。如是阿難，罪福因緣，自然
有風，變其形體，開其眼精，耳、鼻、口精，咽喉，項
頸，開其心根，令所食飲皆使得通，諸孔出入無罣，安
其食飲。」

佛告阿難：「第十七七日，其胎裏內於母腹藏，自
然有風，名耗牛面。吹其兒體，開其眼精，令使淨潔，
使有光曜，及耳二精、鼻口門，皆令清潔，光曜無瑕。
譬如阿難，如摩鏡師弟子，取不淨鏡，刮治揩摩。以油
發明，去其瑕穢，光徹內外。如是阿難，罪福因緣自然
化風，開其眼耳鼻口，令其清淨開通無瑕。」

佛告阿難：「第十八七日，其胎裏內於母腹藏，除
若干瑕，悉使清淨。譬如月城郭，若人宮殿，有風名曰
大堅強。其風極大，旋吹宮殿，擎持遊行，自然清淨，
究竟無瑕。其胎如是，母之腹藏諸入之精，為風所吹，
自然鮮明，究竟具足。」

佛告阿難：「第十九七日，在胚胎中即得四根：眼根、耳根、鼻根、舌根。初在母腹即獲三根：身根、心根、命根。」

佛告阿難：「第二十七日，在其胞裏於母腹藏，自然化風名靽靬。吹小兒體，在其左足，令生骨節。倚其右足，而吹成骨。四骨處膝，二骨在臗，三骨在項，十八骨在背，十八骨在脇，十三骨在掌。各有二十骨，在左右足。四骨在時處，二骨在非處，二骨在肩，十八骨在頸，三骨在輪耳，三十二骨在口齒，四骨在頭。譬如阿難，機關木師，若畫師作木人，合諸關節，先治材木，合集令安，繩連關木，及作經押，以繩關連，因成形像，與人無異。如是阿難，罪福所化，自然有風，吹成色貌，變爲骨節，因緣化成。在此二十七日中，於其腹中應時在身，生二百微細骨與肉雜合。」

佛告阿難：「第二十一七日，在其胞裏於母腹藏，自然化風，名曰所有。吹其兒體，令出肌肉。譬如阿難，工巧陶師作妙瓦器、甖甕、盆瓨，令具足成。阿難，其所有風吹其兒身，令肌肉生，亦復如是。」

佛告阿難：「二十二七日，在其胞裏於母腹藏，自然有風，名曰度惡。吹其兒體，令生音聲。」

佛告阿難：「第二十三七日，在其胞裏於母腹藏，自然有風，名曰針孔清淨。吹其兒身，令其生革，稍稍具足。」

佛告阿難：「第二十四七日，在其胞裏於母腹藏，自然有風，名曰堅持。吹其兒身，申布其革，令其調均。」

佛告阿難：「第二十五七日，在其胞裏於母腹藏，自然化風，名曰聞在持。吹其兒體，掃除其肌，皆令滑澤。」

佛告阿難：「第二十六七日，在其胞裏於母腹藏，自然化風，吹其兒體。假使前世有惡罪行，諸殃來現。於諸十惡，或復慳貪，愛惜財物，不能施與，不受先聖師父之教。其應清淨長大，更成短小；其應粗大，則更尪細；應清淨長大，更粗大；當多清淨，反更得少；當應少者，反成爲多；當應清潔，反得垢濁；當應垢濁，反得淨潔；當應雄，反成非雄；所不樂雄，反爲賊雄；當所求者，反不得之；志所不樂，而自然至；當應爲黑，而反成黃；當應黃，而反成黑。」

佛告阿難：「如其本宿所種諸惡，自然得之。或復

爲盲聾瘖瘂患癡，身生癜瘡，生無眼目，口不能言，諸門隔閉，跛蹇禿瘻。本自所作，自然得之。父母所憎，違失法義。所以者何？如是阿難，宿命所種，非法之行。」

佛告阿難：「假使其人前世奉行衆德，不犯諸惡，諸善來趣，謂十德行。喜於惠施，無慳垢心，奉受先聖師父之命。身中諸節，應當長者即清淨長，當應鮮潔自然鮮潔，應粗清淨即粗清淨，應當細小即多細小，應多清淨即多清淨，應少清淨即少清淨，應滑鮮潔即滑鮮潔，應當忍少即便忍少，應當爲雄即成爲雄，所樂好聲即得好聲，所樂瓔珞即得寶瓔，應當爲黑即成爲黑，所樂言語即得所樂。如是阿難，隨宿所種功德，諸爲善自然，爲衆生所喜見。端正好潔，色像第一。其身口意所求所作所願，則得如意。所以者何？是故阿難，宿命所種，自然得之。」

佛告阿難：「假使有男，即趣母右脇累跌坐，兩手掌著面背外，面向其母。生藏之下，熟藏之上，五繫自縛，如在革囊。假使是女，在母腹左脇累跌坐，手掌博面。生藏之下，熟藏之上。五繫自縛，如在革囊。假使母多食，其兒不安。食太少，其兒不安。食多膩，其兒不安。食無膩，其兒不安。大熱大冷，欲得利不利。甜

醋粗細，其食如是，或多少而不調均，兒則不安。習色
欲過差，兒則不安。在風過差，兒則不安。或多行來，
馳走有所度越，或上樹木，兒則不安。」

佛告阿難：「兒在母腹勤苦燠惱，眾患諸難乃如是
乎！俗人自謂生在安處，其若如是，何況惡趣勤劇之
患。諸苦艱難不可譬喻，誰當樂在母胞胎乎?!」

佛告阿難：「第二十八七日，在其胞裏於母腹藏，
即起八念：乘騎想、園觀想、樓閣間想、遊觀想、床榻
想、流河想、泉水想、浴池想。」

佛告阿難：「第二十九七日，在其胞裏於母腹藏，
中自然有風，名曰髓中間。持其皮膚，使其淨潔。顏色
固然，隨其宿行。宿作黑行，色現爲黑，形體如漆。宿
作不白不黑行，色現不白不黑，體像一貌。宿行素無光
潤，色現素無光潤，普身一等。宿行白色，面貌正白，
普體亦然。宿行黃色，面貌黃色，普體亦然。阿難，是
世間人有是六色，隨本所種自然獲之。」

佛告阿難：「第三十七日，在其胞裏於母腹藏，自
然風起吹其兒體，令生毛髮。隨宿所行，或令其兒毛髮
正黑，妙好無量。或生髮黃，人所不喜。」

佛告阿難：「第三十一七日，在其胞裏於母腹藏，兒身轉大具足。第三十二七日，在其胞裏於母腹藏，兒身自成，無所乏少。第三十三七日，第三十四七日，第三十五七日，第三十六七日，兒身成滿，骨節堅實，在於胞裏，不以爲樂。」

佛告阿難：「第三十七七日，在其胞裏於母腹藏，自然生念，如在羅網，欲得走出，爲不淨想、瑕穢之想、牢獄之想、幽冥之想，不以爲樂。」

佛告阿難：「第三十八七日，在其胞裏於母腹藏。自然有華風，名曰何所垂趣。吹轉兒身，令應所在。下其兩手，當來向生。從其緣果，吹其兒身。腳上頭下，向於生門。假使前世作諸惡行，臨當生時，腳便轉退，反其手足，困於其母，或失身命。其母懊惱，患痛無量。假使前世作德善行，終其長壽，則不迴還，命不中盡。其母緣此，不遭苦惱無數之患。彼於三十八七日，則遭大苦無極之患，愁憂不樂。」

佛告阿難：「生死之苦，甚爲勤劇。人生若男或生女，這生墮地，痛不可言，甚不善哉！懊惱辛酸，或以衣受觸其形體，若以衾受臥著所處，或在床上，或置于地，或覆或露，或在暑熱或寒冷。因是之故，遭其苦

患，酷劇難稱。譬如阿難，蛇虺牛之皮所懸著處，若在
壁上，即化爲虫，還食其皮。若使樹木苗草陂水，設復
在虛空中所倚，即自生虫，還食其形。在所依倚，則亦
生虫，還食其形。兒始生時，則以手受。苦痛懊惱，不
可稱限。或以衣受觸如前，其形體或稍以長大，飢渴寒
熱，其母小心推燥居濕，養育除其不淨。所謂先聖法
律，正是其母乳哺之恩。」

佛告阿難：「如是勤苦，誰當樂處父母胚胎。兒生
未久，揣飯養身。身即生八萬種虫，周遍繞動，食兒身
體。髮本虫名曰舌舐，依於髮根食其髮。虫名在修行道
地中，一名舌舐，二名重舐，三種在頭上，名曰堅固傷
損毀害。」

佛告阿難：「人身苦惱如是，八萬種虫晨夜食其形
體，令人羸疲，少氣疲極，令身得病或成寒熱，眾患苦
惱不可數也。煩躁苦極，飢亦極，行復極，住亦極。設
身有病，復求醫藥，欲除其病，在母胎時苦不可言。既
生爲人，極壽百歲，或長或短。百歲之中，凡更百春、
百夏、百秋、百冬。百歲之中，更千二百月。春更三
月，夏更三月，秋更三月，冬更三月。百歲之中，分其
明白青冥部，凡更二千四百六十日。春更六百十五日，
夏更六百十五日，秋更六百十五日，冬更六百十五日。

百歲之中，凡更七萬二千飯。春更萬八千食，夏更萬八千食，秋更萬八千食，冬更萬八千食。或憸不食時，或瞋不食時，或食窮乏時，或有所作不食時，醉放逸不食時，或齋不食時，皆在七萬二千飯中。如是阿難，勤苦厄惱，誰當樂處母胚胎?!

如是眾患匆匆未曾得安。眾緣所縛，或眼痛病，或耳鼻口舌齒痛，臏腳咽喉短氣腰脊臂肘捲腕，諸百節病痛諸患。風寒、諸熱、疥癩、虛痔、惡瘡、癬疽、黃疸、咳逆、顛狂、盲聾、痟痤、癥蠱、疣癃痳百節煩疼、臚脹癖下、身體浮腫。如是阿難，地水火風，一增則生百病。風適多則百病生；熱多則生百病；寒多則生百病；食多則增百病。三事合會，風寒熱聚，四百四病同時俱起，何況其餘不可計患。或截手，或截腳耳鼻，或斬頭，或鎖繫鞭杖搒笞，閉在牢獄拷掠加刑，或畏於人，或畏非人，地獄餓鬼畜生之難，勤苦曠野蚊虻虱蚤蜂螫之難，虎狼師子蛇虺之懼。如是計之，苦不可言。有多所求，種勤苦根，不得則憂。有所志樂不如意，既所得，當復守護，生業勤苦。有所獲得，志願無厭，塵勞之惱多所妨礙。」

佛語阿難：「取要言之，五陰則苦。諸入諸衰，思想多念，由此生苦。因斯起其憍慢自貢高，自在心走不

安。一一諸義，當觀自然。譬如車輪，不在一處臥起。在床在地歌舞戲笑，當觀苦想。假使經行坐起行步，常當思苦。懊惱眾患，不可稱數，無有一可快。所經行處，不起安想。心頓坐而不行，不在床榻，亦當知之勤苦。」阿難言：「勿起安想。」

佛告阿難：「設在威儀而不休息，則有若干無量苦。與心自想念，謂安不苦。如是阿難，生死難樂。計有二患：自觀身苦；爲他人苦。觀此二義，當自察之。吾雖出家，何因致慧？得報果實安隱無患。所從受食衣被床臥，病瘦醫藥，令其主人得大果報，獲大光焰無極普義。」

佛告阿難：「當學如此，於阿難意云何？色爲有常無常？」阿難答曰：「無常，天中天。」「設無常爲苦不苦？」阿難白佛：「甚苦，天中天。」「又無常事，當復離別，法不常在。賢聖弟子聞講此義，寧當發念，有吾有我是我所不？」阿難白佛：「不也，天中天。」「色痛痒生死，識有常無常？」答曰：「無常。」曰：「假使爲無常，爲苦爲安？」賢聖弟子聞講說此，寧有吾有我是我所不？」答曰：「不也，天中天。」「是故阿難，計一切色，過去當來今現在者，內外粗細，微妙瑕穢。若遠若近，無我無彼，亦非我身。明達智者即觀

如平等不耶？假使阿難，賢聖弟子，厭於色者，痛痒思想生死識者，設使能厭則離塵垢，離塵垢則度。設志於度至度，見慧盡于生死，稱揚梵行身，所作則辦，則度彼岸示在此際。」

佛說是經時，賢者阿難得諸法眼生，其五百比丘漏盡意解。賢者阿難五百弟子諸天龍神，聞經歡喜。

胎教與胎養

周 勳 男
講於香港國際文教基金會
一九九八年五月十二日

今天很榮幸承懷師之命，來到貴會報告有關中國傳統胎教的問題，並希望能對現代胎教的進展有所介紹。

首先要提出的是，在我國古籍中，時常見到胎養與胎教這兩個名詞，它們是有所區別的。簡單的說，在懷孕期間，偏重於生理方理的保養是胎養，偏重於心理的健康是胎教。但在我國古代醫書中，則往往將這兩方面雜記在一起，以見其間的緊密關係。如明代徐春甫在《古今醫統大全》中所說：「古人胎教、胎養之方，最爲慎重，所以上古之人多壽多賢良。」

現在，讓我們很快地鳥瞰一下我國古代有關胎教、胎養的著述。

・上古至漢代的發展・

在中國的上古時代至西漢時代，有關胎養的問題已開始萌芽而形成雛形，例如公元前十六—十一世紀，在甲骨文上發現已有孕婦臨產得病，母子是否平安的卜辭，以及「育疾」的名目，也就是婦女生育的疾病。

而在公元前十一世紀成書的《周易》，也有「婦孕不育」的記載，可見當時對於妊娠病變，已有了較爲深刻的認識。

而在春秋、戰國早期的《左傳》，對畸形胎兒、妊

娠時間長短、一胎或雙胎等情形已有記載，尤其是僖公二十三年（公元前六四四年）載有「男女同姓，其生不蕃」，已明確地指出近親結婚有害後代的繁殖，這比達爾文在一八五八年才論述到這一規律，要早了二千五百多年。

當然，在我國現存第一部重要醫典《黃帝內經》中，對妊娠的診斷、生理變化、胎前疾病、妊娠期間的用藥準則、分娩的診斷等，都有了較爲詳細的記載。

根據《漢書·藝文志》的記載，有我國最早的養胎專著《婦人胎藏經》，可惜已經散失。但張仲景（公元一五〇──二一九年）所著的《傷寒雜病論·妊娠病》中，有關養胎保胎，即有：胎孕用藥、妊娠合并其他疾病的鑒別診斷、藏腑經絡的逐月養胎、胎前疾病的診治、祛病養胎等方面記載，而在他的另一本著作《金匱要略·婦人妊娠病脈証并治》中，更對妊娠嘔吐、腹病、出血、水腫、小便不利等等病証，提出診治的方法。

講到漢代，我們不得不提劉向所著的《古列女傳·母儀傳》，因爲在他以前雖早已相傳胎教之說，但正式文字記載則見於該書所説：

> 太任，文王之母，摯任氏之仲女也，王季娶以
> 爲妃。太任之性，端一誠莊，惟德之行。及其娠文

王，目不視惡色，耳不聽淫聲，口不出敖言。生文王而明聖，太任教之以一而識百，卒為周宗。君子謂太任為能胎教。

古者婦人妊子，寢不側，坐不邊，立不蹕（單腳站立），不食邪味，割不正不食，席不正不坐，目不視邪色，耳不聽淫聲，夜則令瞽誦詩，道正事。如此，則生子形容端正，才過人矣。故妊子之時，必慎所感。感于善則善，感于惡則惡。人生而肖萬物者，皆其母感于物，故形音肖之。文王母可謂知肖化矣。

這段兩百多字的文獻，可以引申發揮的很多，不過，這裡限於時間的關係，無法多講，只就第一段指出下列三點：一、太任的德性、行為本來就很好，而根據史料記載，王季也是位有德的賢君。故可說這對夫婦已具有良好的素質（即今天所稱的遺傳因子。）；二、太任在妊娠期間更重視眼、耳、口的防護；三、生了文王之後，太任又親自加以教育。至於第二段，也可指出下列三點：一、擴大到行住坐臥日常生活中，均講求正；二、進而講求「誦詩、道正事」等積極面的胎教；三、特別重視眼、耳所見所聞善惡對象的感受，會影響到胎兒。劉向在該書中也談到周后胎教法：「周妃后妊成王于身，立而不跛，坐而不差，笑而不諠，獨處不倨，雖

怒不罵，胎教之謂也」，可併供參考。

說到父母對子女的遺傳，當然我國古代還沒有「遺傳」這個字眼。不過，漢代賈誼在《新書·胎教》中所說的「素成」，即有今天所說先天基因的意思。他說：

> 《易》曰：「正其本而萬物理，失之毫釐，差以千里。」故君子慎始。……素成，謹為子孫婚妻嫁女，必擇孝悌世世有行義者。如是，則其子孫慈孝，不敢淫暴，黨無不善，三族輔之。故鳳凰生而有仁義之意，虎狼生而有貪戾之心。兩者不等，各以其母。嗚呼！戒之哉！無養乳虎，將傷天下。故曰「素成」。

這裡強調的是「慎始」，如果夫妻雙方都是來自「孝悌」門風的家庭，不管是胎養、胎教，都將是事半功倍；否則夫妻失和，就很難做到好的胎養、胎教了。

漢代王充在所著《論衡·命義篇》中提到的「性」，也滿接近於今天所稱的遺傳。他認為「性」有三種：一、「正性」，即所稟是五常之正，可以說是特別良好的遺傳；二、「隨性」，即隨父母之性，可以說是尋常的遺傳；三、「遭性」，那就是妊娠期所感受的印象了。為什麼說是「遭」呢？他說：

　　遭得惡物象之故也。……性命在本，故禮有胎
教之法，子在身時，席不正不坐，割不正不食，非
正色目不視，非正聲耳不聽……受氣時母不謹慎，
心妄慮邪，則子長大，狂悖不善，形體醜惡。

　　如果說「遭性」，強調的是孕婦在妊娠期間心性行
爲不正所產生的副作用；那麼「正性」，發揮起來，就
接近於今天所稱的優生學了。

·魏晉南北朝至唐代的發展·

　　到了魏晉南北朝時代，我國養胎學有了縱深的發
展，如晉代王叔和所著《脈經》，即記載了有關婦女妊
娠、產後、帶下、月經疾病及婦女雜病的脉法與辨證。
當然，最富盛名的要算是北齊的徐之才（公元四七二－
五七二年），他著有《逐月養胎法》，逐月論述了胚
胎、胎兒的生長發育過程，並對各月常發生的疾病，確
立了逐月養胎、安胎的治療方法，以及針灸禁忌、孕婦
衛生保健及疾病的防治方法等。
　　故徐之才的著作甚爲後世醫學家所推崇，加以轉
載，影響甚爲深遠。我們這裡只引述他有關胎教的幾段
話：「妊娠三月始胎。當此之時，未有定儀，見物而化

……欲子美好，數視璧玉；欲子賢良，端坐清虛，是謂外象而內感也。」因此他強調「當靜形體，和心志」、「無悲哀，無思慮惊動」、「無大言，無號哭」，以免孕婦的精神變化，會影響到胎兒的生長發育，以及誕生後所形成的性格。此外，顏之推的《顏氏家訓》中，也提到胎教的方法。

從隋唐到兩宋之間，有關養胎、保胎的代表著作，有隋代巢元方的《諸病源侯論》，論述妊娠的脉象、診斷胎兒的性別、孕婦飲食起居的注意事項，以及妊娠期中各種常見病、胎兒發育不正常及死胎等等。而唐代的孫思邈在所著的《備急千金要方》中，更系統地總結了唐代以前的醫學成就，不但彌補了《諸病源侯論》有論述而無藥方的不足，而且對於妊娠期中各種疾病也比以前進步。我們在這裡只引述他的有關胎教説法：

> 舊說凡受胎三月，逐物變化，稟質未定。故妊娠三月，欲得觀犀象、猛獸、珠玉、寶物，欲得見賢人君子、盛德大師，觀禮樂、鍾鼓、俎豆、軍旅陳設，焚燒名香，口誦詩書、古今箴誡。居處簡靜，割不正不食，席不正不坐。彈琴瑟，調心神，和情性，節嗜欲，庶事清淨，生子皆良，長壽，忠孝，仁義，聰慧，無疾。斯蓋文王胎教者也。

類似的説法，也見於《洞玄子》中所説：「凡女懷孕之后，須行善事，勿視惡色，勿聽惡語，省淫欲，勿咒詛，審罵詈，勿惊恐，勿勞倦，勿妄語，勿懮愁……遂令男女如是聰明智慧，忠真貞良，所謂教胎者也。」教胎，也就是胎教。除了心理、行爲的禁忌外，「須行善事」是道家提出的觀念，至於重視因果的佛家則更爲激底，不論女的懷孕前後，連男的也要一齊來規範，一生都做善事才對。像袁了凡夫婦就是大家所熟知的範例，欲知其詳，可看拙述《了凡四訓新解》（以及了凡所著《祈嗣真詮》及《靜坐要訣》二書，老古出版）。

・宋代到元代的發展・

再説，到了宋代，朝廷設立了專門培養醫學人才的「太醫局」，該局分九科，學生三百人，其中産科十人，設有産科教授，所以刻印了不少婦産科專書，如薛軒的《坤元是寶》、楊子建的《十産論》等等，較爲有名的是朱瑞章的《衛生家寶産科備要》，這是他走遍東南各地，匯集了宋以前婦産科著作及其他有關胎前諸病資料而編成的，到今天還有相當的借鑒價值。此外，陳自明的《婦人大全良方》共分八門，前三門是婦科，後五門是産科：胎教、侯胎、妊娠疾病、産難、産後，也

是值得研讀的，至於他的〈孕婦藥忌歌〉則是中醫界人士所熟知的。

　　到了元代，忽思慧所著的《飲膳正要‧妊娠食忌》中，也加入了一段胎教的説法：「聖人多感生，妊娠故忌見喪服、破體、殘疾、貧窮之人；宜見賢良、喜慶、美麗之事。欲子多智，觀看鯉魚、孔雀；欲子美麗，觀看珍珠、美玉；欲子雄壯，觀看飛鷹、走犬。」此段説法，我們在此没有時間論評，只是提出資料，以備參研。元代提出有關胎教説法的，還有朱震亨所著的《格致餘論‧慈幼論》以及李鵬飛的《三元延壽參贊書》，也可一讀。

　　尤其李鵬飛這本書除了轉述《太公胎教》所云：「母常居靜室，多聽美言，講論詩書，陳説禮樂，不聽惡言，不視惡事，不起邪念，令生男女福壽敦厚，忠孝兩全」外，還轉載了宋代醫學家王岳所撰的《産書》（原書久佚，僅爲朝鮮《醫方類聚》收錄，後來才由日本丹波元堅輯出），其中談到妊娠期間胚胎及胎兒經脈的發展及孕婦應注意事項，值得一讀：

　　　　一月，足厥陰肝養血，不可縱欲，疲極筋力，
　　　　冒觸邪風。
　　　　二月，足少陽膽合于肝，不可驚動。
　　　　三月，手心主右腎養精，不可縱欲悲哀，觸冒

寒冷。

四月，手少陽三焦合腎，不可勞役。

五月，足太陰脾養肉，不可妄思、飢餓，觸冒卑濕。

六月，足陽明胃合脾，不得雜食。

七月，手太陰肺養皮毛，不可憂鬱、叫呼。

八月，手陽明大腸合肺以養氣，勿食燥物。

九月，足少陰腎養骨，不可懷恐、房勞。

十月，足太陽膀胱合腎，以太陽為諸陽主氣，使兒脉縷皆成，六腑調暢，與母分氣，神氣各全，俟時而生。

　　將此論述與《佛説入胎經》、《禪秘要經》、《修行地道經》、《大威德陀羅尼經》、《俱舍論》中有關住胎的説法，跟現代人體胚胎學配合起來比較研究，一定很有趣，也一定很有意義。當然，有關中陰身入胎的説法，恐尚非目前胚胎學研究的對象。目前喜好密宗的人漸多，這裡不妨也把西藏札莫朗頓所著《甚深內義根本頌》中，有關住胎十月氣脈的發展，順便提出來以供比較研究：

　　生誕生蕩與生動　　生園是為四七日
　　業氣蕩漾而變動　　生硬五七第一日

有如十二指半量　　具此量中脉命氣
生後心與臍二者　　具輪為十氣所依
胎兒如一小魚然　　母兒之臍兩相連
氣血得由此增長　　此後從第二月起
一晝夜生二百脉　　持命氣分生下氣
胎兒有如龜狀然　　三月乃生上行氣
上身由此而出生　　四月乃有遍行氣
手足之脉皆出生　　五月始有平住氣
身內所依由此生　　名為野豬獅子時
平住遍行氣圓滿　　胎兒始具有活動
骨節各處段段生　　總數為三百六十
如此五蘊圓滿後　　直至第六月之時
以龍氣力增盛故　　于地大上生二眼
七月烏龜氣出生　　于水大上生二耳
八月火界生鼻孔　　是時海馬氣出生
九月提婆氣出生　　能知五味舌出生
十月財生氣出生　　十氣由是皆圓滿
一月六千脉出生　　母腸初生五萬四
其後三月七萬二　　九月以後食穢食
此後不清淨界出　　由氣感覺飢與渴
受極其屬害之苦　　此時有倒氣出生
由是乘氣從胎出　　是為人獅子之時

住胎圓滿，則出胎嬰兒猶如獅子。講胎教、胎養，也不外希望出生的是身心健康的嬰兒。

・明代到清代的發展・

講到元代，不禁像蒙古人，跑馬跑得太遠了。我們現在接著講到明代，萬全的《育嬰家秘》提到：「子在腹中，隨母聽聞。自妊以後，則須行坐端嚴，性情和悅，常處靜處，多聽美言，令人誦讀詩書，陳說禮樂。耳不聞非言，目不視惡事。如此則生男女福壽敦厚，忠教賢明；不然則生男女多鄙賤不壽而愚頑，此所謂因外象而內感也。」像李時珍的《本草綱目》、岳甫嘉的《種子全編》、李梴的《醫學入門》等，都提出很多診治妊娠期間的疾病。

向來醫學家提出很多孕婦飲食方面的禁忌，有的有道理，有的純屬民間相傳忌諱，但張介賓的《景岳全書》則從準備要播種的丈夫的觀點，提出「凡飲食之類，則人之臟氣各有所宜，似不必過分拘執，惟酒多者為不宜……酒性淫熱，非惟亂性，亦且亂精。精為酒亂，則濕熱其半，真精其半耳。精不充實，則胎元不固；精多濕熱，則他日痘疹驚風脾敗之類，率已受造于此矣。故凡擇期布種者，必宜先有所慎。與其多飲，不

如少飲；與其少飲，不如不飲。」當然，現代醫學早已警告孕婦不可喝酒、抽煙，做丈夫的更不該製造二手煙。

講到清代，除了吳謙等人編著的《醫宗金鑑》爲大家所熟知外，還有陳夢雷等人所編輯的《古今圖書集成·醫部》，把歷代關於胎教學說的內容匯集在一起，立爲「小兒未生胎養門」，研究起來，最爲方便。其他如石成金的《傳家寶全集》，提出保孕諸戒，並強調懷孕至二三月、六七月，調理脾胃的重要性。青浦諸君子所輯的《壽世編》，則強調：「一切宰殺凶惡之事，不宜看」，《葉氏竹林女科》則認爲「寧靜即養胎。蓋氣血調和則胎安，氣逆則致病，腦怒則氣閉塞，肝氣沖逆則嘔吐衄血……欲生好子者，必先養其氣。氣得其養，則子性和順，無乖戾之習。」徐文弼的《壽世傳真》、沈金鰲的《婦科玉尺》則提出男女不孕的療方。還有，不能不提的是，清末的康有爲在所著《大同書》中，更有成立胎教院，以培養聰明後代，提高人口質量的主張。

最後，我們要講到在康熙年間，有位有儒醫聖手之稱的張路玉，他花了數十年功夫，會通歷代醫典，十易其稿，到了八十餘歲，終於輯著《醫通》成書，還得到康熙的肯定，其中談到胎教，可以說是歷代醫學家談胎教的一個小小總結，值得介紹出來：

　　胎教之說，世都未諳，妊娠能遵而行之，不特無產難之虞，且生子鮮胎毒殤夭之患，誠為廣嗣要旨，姑以大概陳之。婦人經後四十餘日不轉，即謹房室；慎起居，薄滋味，養性情；刻刻存心，與執持寶玉無異。舉趾必徐，行立勿仰，坐不實其前陰，臥不久偏一側，不得耽坐嗜臥，使氣血凝滯，為第一義。

　　雖不可負重作勞，然須時時小役四體，則經絡流動，胎息易於動運。腰腹漸粗，飲食不宜過飽，茶湯更須節省。大熱大涼，總非所宜。犬羊鱉蟹等一切有毒之物，固宜切禁，即椒薑常用之品，亦須少嘗。其豕肉醇酒濕麵之類，縱不能屏絕不食，亦不可恣噉，歸精於胎，過於蕃長，致母臨蓐難產，而子在胞中，稟質肥脆，襁褓必多羸困。即如沃壤之草木，移植瘠土，枝葉得不凋萎乎？

　　甫交三月，即當滿裹其腹。胎氣漸長，僅可微鬆其束，切勿因其氣急滿悶而頓放之。在夏澡洗，須避熱湯。冬時寢寐，勿迫爐炭。其最甚者，尤在不節交合，淫火盡歸其子，以釀痘疹疥癩之毒。然須妊娠稟性安靜，不假強為，方遵實濟。若強制以違其性，則鬱火彌熾，此與恣情無禁者，雖截然兩途，而熱歸胎息則一。嘗見有切於求嗣者，得孕即分處房幃，而子仍歿於痘，豈非強制其火彌熾之明

驗乎！蓋人之志欲匪一，苟未能超出尋常，又須曲體母情，適其自然之性，使子氣安和，是即所謂胎教也。

　　當知胎教原非一端，若懷子受驚，則子多胎驚。懷子抱鬱，則子多結核流注。懷子恐懼，則子多癲癇。懷子常起貪妄之念，則子多貪吝。懷子常挾憤怒之心，則子多暴狠。懷子嘗造綺語詭行，則子多詐偽。非但懷子之後，當檢束身心而輕淨交感，慎毋恣肆以遺胎息之患。若大醉後媾精，精中多著酒濕，則子多不育。大怒後媾精，精中多挾怒火，即子多乖戾。大勞後媾精，精中不滿真氣，則子多孱弱。若夫熱藥助戰，作意祕精，精中流行毒悍，則子多異疾。至於風雨雷電媾精，感觸震氣，則子多怪類。以此言之，則三元五臟，宜確遵禁戒，誕育自是不凡，宗祧重務，安得視為嬉戲哉！

　　這篇短文加以研究、發揮起來，至少可以寫成厚厚的一本書。有位醫生朋友還把這篇文章，用毛筆整整齊齊地騰寫在本子上，隨時誦讀哪！這裡只想提出一點感想，向來談到胎教、胎養的我國古代醫學家，都再三警告，做丈夫的絕不可同孕婦行房，否則會有各種嚴重後果。清代的褚人獲還因此稱讚受胎後的母馬，因為只要公馬靠近，就會用蹄踢開牠，說這是護胎，還說：「易

稱牝馬之貞以此」哪！至於現代西醫，大都主張不要過於激烈或頻繁，講求一點自然舒適的姿勢即可，嚴格一點的是，在胚胎期及臨產期避免就好了。這些中西醫都只向男人說「可」或「不可」，但行醫數十年的張老先生，卻說「須曲體母情，適其自然之性，使子氣安和」，否則「若強制以違其性，則鬱火彌熾，此與恣情無禁者，雖截然兩途，而熱歸胎息則一」，我想，即使不信胎教的新女性主義者，也要為這位開明的八十歲老伯伯歡呼，他還是近四百年前的先賢哪！

　　以上只是非簡略地介紹了我國先賢所謂胎教的一小部分，至於胎養部分，包括如何有孕、如何在不同妊脈階段施予安胎保胎，以及孕期、生產、產後如何調護等等，更是匆匆略過，只是提到一些婦科專著，希望能引起有心人士進一步研究而已。因為我們這次的報告，重點是在胎教。其實，在先賢的著述中，即使提到胎教，往往也是跟胎養密不可分的；反過來說，論述胎養，其中卻又包含著胎教，例如《宜麟策續編》提出「保孕六說」：一、除煩惱；二、禁房勞；三、戒生冷；四、慎寒溫；五、服藥餌；六、宜靜養。其中第一、六項是偏重於胎教的，如第一項說到：

　　凡受胎後，切不可打罵人。蓋氣調則胎安，氣逆則胎病，惱怒則否塞不順。肝氣上沖，則嘔吐衄

血，脾肺受傷；肝氣下注，則血崩帶下，滑胎小產。欲生好子者，必須先養其氣。氣得其養，則生子性情和順，有孝友之心，無乖戾之習。所謂「和氣致祥」、「一門有慶」，無不由胎教得之。

第六項說到：

胎前靜養，乃第一妙法。不校是非，則氣不傷矣；不爭得失，則神不勞矣；心無嫉妒，則血自充矣；情無淫蕩，則精自足矣。安閑寧靜，即是胎教。

這豈止是胎教，去掉首尾各八個字，簡直是修道者的座右銘。

至於胎教的效果，除了前面提過文王、成王的例子外，我們再提一個實例。根據清代陳康祺《燕下鄉脞錄》所說，雍乾朝的萬承蒼學士，是南昌人，他的母親剛懷孕他時，曾默祝於影堂：「不願生兒爲高官，但願負荷先世之學統。」因爲萬氏先祖，如明代刑剖侍郎虞愷、光祿卿如言，都講學於陽明念庵之門，當時號爲碩儒。萬承蒼入了私塾，果然喜歡讀王陽明講學的書，當時的人就都說這得力於胎教。當然，現代有人不以爲然，認爲那是得力於家風、母教外，還有遺傳。說到遺傳，宋代俞琰的《席上腐談》上說：「勒祖偃長不滿七

尺，常自罪短陋。恐子孫之似也，乃爲子伉娶長妻。伉子勒，長八尺三寸。」又如唐代寒山大士一首無題的詩：

> 柳郎八十二　蘭嫂一十八
> 夫妻共百年　相連情狡猾
> 弄璋字烏虒　擲瓦名婠妠
> 屢見枯楊荑　常遭青女殺

這是說老夫少妻即使怎麼恩愛，所生的子女也是壽命不長。這首詩以及前面那則筆記史料都暗合現代優生學所說的遺傳，不過這已超出胎教、胎養的範圍，屬於另一專題了。

・現代的胎教・

現在，我們轉入現代，約略介紹現代有關胎教的發展概況。

現代所謂的胎教，是了解母體內的胚胎，以至胎兒逐漸成長的情況，而提供一個最好的生長環境，使他得到身、心的健康發展，甚至開發他的潛能，使他出生後發揮更大的才智。

首先需要了解的是，現代醫學對胎兒腦部及有關感覺的重要發現：

一、胎兒腦部的發展：

人類約有一五〇億個大腦皮質神經細胞，全部完成於胎兒期，平均起來，每天要生產五、六千萬個，胎兒誕生後就不再增加。但大腦的重量卻會增加，生產後重約四百克的大腦，到滿一歲時已達八百克，以後的成長就慢了下來，男性到二十歲，女性到十七、八歲時，大腦已停止在一千二百至一千四百克；這些出生後腦部增加的重量，是來自腦部網狀組織的結構或覆蓋物的結構。

人類的頭腦在胎兒期，就不斷進行爲説、聽將來要用到的語言，了解思考其中的意義等，而逐漸形成知性活動的基礎，即所謂「智能的基礎結構」。同時，大腦內部也進行增加質佳的産物，即減少不必要的東西，進行「由重量轉換成重質」的工作。酒精或香烟等有害物質，或母親的焦燥、壓力，不僅會阻礙這種工作的進行，也會阻礙胎兒大腦的發育。

二、智能基礎的發展：

所謂智能的基礎，簡單説來，就是人的感覺（也就是具有視覺、聽覺、嗅覺、味覺、觸覺等五種感官，並加以認識的能力）。跟這些感覺具有重要關連的是，大腦中的大腦邊緣系統與大腦新皮質部分。

大腦邊緣系統的成形，始於妊娠十四週左右，這時的胎兒開始建立起那種獲得滿足就有快感的慾望，不能滿足就感到不快的「心智基礎」，並且慢慢地培養腦部發揮更高難度作用的能力，那就是建立位於大腦邊緣系統的週邊，即大腦新皮質的部分。

懷孕三——五個月間，是胎兒大腦發育特別重要的時期，也是大腦邊緣系統與大腦新皮質的網狀組織化的開始。觀察腹中胎兒的腦波，可以記錄出來的，正是始於受孕後三個月左右。而大腦邊緣系統是在昏昏沉沉的淺睡中，才積極的活動、成長。因此，如噪音、壓迫子宮等，均會妨礙胎兒的睡眠，進而對其情緒、情感的能力的培養，產生不良的影響。

另外，到懷孕第三個月，男胎的性器官成形後，到第四個月左右開始，其男性荷爾蒙會開始影響自己的腦部，逐漸形成男性腦部（腦部這種生物性別區分，而發展到性別中樞的形態，要到出生後的四歲為止），這時孕婦若受重大壓力，會使胎兒的男性荷爾蒙不能順利分泌，因此而受到母親的女性荷爾蒙的影響，而成為女性的腦部。也就是說，出生後雖是男性，行為卻很女性化（反過來說，若是女胎，即使因不明原因而使其女性荷爾蒙分泌不順，但其母親的女性荷爾蒙還是能使其腦部性別區分化）。

因此，不論是懷孕或養育嬰兒至四歲期間，要特別

注意避免太多的精神壓力，而要以愉快的心情來照顧。

三、胎兒的觸覺：

觸覺比其他的感覺，如聽覺、視覺等形成的更早，約自懷孕第八週左右即開始，而在第十二週左右，胎兒的感覺已經和成人的一樣，其中特別發達的是指頭、唇部的感覺，而男胎也有性器官的感覺。這時用超音波掃瞄，即可看見胎兒吸吮指頭的情形（不太吸吮手指的胎兒出生時，指頭有繭的情形較多）。而且不只吸吮手指，凡是嘴巴能碰觸到的部位，如手腕、肩部、手臂，以及肚臍或子宮壁等，即會加以吸吮（所以胎兒一出生下來，不必人教，自然會用力吸吮母奶）。

到了懷孕第十七週左右開始，孕婦開始感覺到胎動，那是胎兒以「腳踢」的動作，搖動羊水，使全身的肌膚都能感覺到羊水的震動。像這種對皮膚的刺激，對胎兒腦部的發展有重大的影響。因為皮膚有第二腦之稱，具有和腦部極為類似的性質，皮膚和腦部的外胚葉細胞層均十分發達。皮膚不僅是單純的內外之分，還能把外來的刺激傳達到神經系統，並把內部的狀態傳達到外面，以保護身體的健康，如遇到寒冷時會起雞皮疙瘩，炎熱時會流汗。

那麼，對觸覺最好的胎教是，孕婦要放鬆心情度日，最好是能作邊放鬆邊散步的規律活動，使子宮能自然地每一分鐘反覆做一次規律的自動收縮，這是給胎兒

最舒適的皮膚刺激。因此，孕婦最好避免做長時間坐車等激烈活動，因爲不規則的震動會影響胎兒，使他將不快的感覺，由皮膚傳到腦部，而妨礙了腦部的發展。此外，不正確的姿勢，穿著過緊的衣服，或由炎熱户外走入冷氣房間，都會造成不正常的子宮的收縮，而應盡量避免，或記得保持腹部的溫度。

四、胎兒的聽覺：

約自懷孕第六週左右，胎兒開始形成耳朵，最早是半規管，其次是外耳、内耳、中耳等重要部分。一過四個月，腦部形成後，就能感受到聲音。尤其完成了「海馬」的部分，所有的感覺資訊都集中在此，並能取捨該忘掉或記憶的事情。這種遺忘的功能，或許就是宗教上所謂「隔陰之迷」或「喝孟婆湯」的生理學上的根據吧！在出生以後，這種遺忘的功能其實還有著一般人所忽略的作用。不談多生累劫，就這一生中，如果把該忘掉而已忘掉的記憶，一下都湧現出來，就很難有人能夠承受。

而到了第五個月，也形成耳蝸之後，就完成了幾乎和成人一樣的耳朵。胎兒喜歡的是兩百至一千赫左右的中度聲音，這大約是其母親聲音的高度。雖然這時胎兒對聲音還不能加以區別，但卻能記住經常聽到的聲音（因此出生後很快就能從聲音中認出誰是母親）。隨著腦部的發展，到了懷孕第八個月後，胎兒才形成可以區

別音調強弱的神經。即使胎兒並不明白聲音的意義，但卻能根據母親聲音的強弱，而敏銳地感受到其情緒。因此孕婦必須以溫和、平靜的心情、語氣和胎兒說話。

此外，懷孕期間也應盡量遠離噪音，諸如引擎聲、刹車聲、鬧鐘聲、刺耳聲及孕婦的高亢聲等等，因爲這些聲音會使胎兒腦部因緊張而發出 β 波，並分泌抑止腦細胞成長的荷爾蒙。反過來說，聽聽柔和的風聲、水聲或輕音樂，會使腦部因放鬆而發出 α 波，並分泌助長腦細胞發育的荷爾蒙。

五、味覺與嗅覺的胎教：

自懷孕的第三個月左右，便開始形成舌頭上的味蕾，到了七個月左右，便十分發達，而能感受到味道。同時，腦部也開始能接收來自鼻子的訊息。出生不久的嬰兒，就具有區別自己母親味道的能力。因此，孕婦要注意飲食，對於蛋、牛奶及大豆，不要攝取過量，以免造成胎兒過敏的體質。可多吃魚、海帶、蔬菜，尤其是含鈣的食物。最好吃稍爲清淡的食物，少吃煎炸、油膩的食物。

孕婦聞到怡人的味道，產生愉快的心情後，會促使荷爾蒙分泌，而傳到胎兒腦部，使他也有愉快的感受。所以室內花飾、花園或清新的香皂香氣，都能使懷孕中的母子身心感到舒暢。

六、視覺的胎教：

　　負責胎兒眼部晶體功能的網膜器官之根源，約於懷孕第四週形成。由於胎兒爲母親厚厚的腹部所包護，不會受到外來光線的困擾，而可以安心地睡在幽暗的溫床上。在胎兒這段時期，雖然眼睛看不見，也能清楚地感受到明暗度，所謂感受，是由於腦中松果體之褪黑色素荷爾蒙運作的關係，這種荷爾蒙遇到明亮物就減少，遇到陰暗物則增加。孕母所見所感受到外來光線，透過胎盤傳到胎兒的腦部，而使他感受到是明還是暗。到了第七個月左右，胎兒才開始出現可模模糊糊看到到物體的能力。

　　因此，孕母的生活方式非常重要，若能早睡早起，那麼就能把天亮起床活動、天暗上床睡覺的「生物時鐘」傳給胎兒。反過來說，如果孕母過的是晚起、熬夜的生活，那麼生下來的孩子便很可能具有不良的生物時鐘。

・結論：胎教的研究與整合才剛開始・

　　以上只是就眼、耳、鼻、舌、身五種感覺，以及意的生理基礎，即腦的發展，略談一下胎教的方法。現代世界各國流行的胎教研究，大概說來，也不出這些範圍。

　　例如日本的室岡一教授，當他查明了母體外的聲音確實傳到胎兒的耳朵後，即把胎兒所聽到的聲音、母親的心跳聲與血液流動聲錄音下來，等這胎兒出生後，這嬰兒聽到這些播放出來的聲音，就會停止哭泣，甚至安然入睡。後來，厚生省還委託小林登主持母子互動關係的研究，並用攝影機拍攝下來，進行分析，結果發現，剛出生三天的嬰兒，對於不同向他搭話的人，有明顯的不同反應：對於母親說的話，嬰兒雙手積極活動起來；但對護士說的話，卻不太有反應；至於播放各種人聲混合的錄音帶，則手足根本不動，甚至把頭轉向另一邊。這些實驗都在証明在胎兒期就有了記憶力，而在出生一、二天後，對母親的聲音表現出具有再認的能力。除了聲的刺激外，也研究胎兒對光與觸的刺激的反應，如胎兒心臟變化、胎動變化、眨眼反應、握手反應等。

　　法國的巴黎健康衛生科學院、英國的奧德斯也都曾做過實驗，証明胎兒對音樂已有喜惡的反應，出生後也隨這些不同音樂而有不同反應。而美國的凡德卡教授，更於一九七七年創辦了一所專門對孕婦進行胎教指導的學校。他採用有系統地對胎兒講話、播放音樂，或在孕婦的腹部適當地撫摸、拍打肚皮上的一定部位等方式，以促進胎兒的聽覺與觸覺神經的發育。他並主張孕婦的丈夫也應參加胎教活動，既可加強夫妻親密關係，又可使出生後的嬰兒，能較快地認識父母，更易於理解語言

與文字。至於美國的湯瑪斯‧維尼，甚至利用自我暗示與佛教的種種觀想法，應用於胎教。中國也於一九八七年三月二十八日，成立中國環境音響醫學研究協作中心，從事測定胎兒在各種聲波下的反應與紀錄，以及對孕婦的營養化驗監測與指導，已有了初步成果。

展望未來，有關胎教、胎養，以及優生學等等領域，將會進一步進行科技整合，以取得更大成果。由於時間關係，這次僅能匆匆簡略報告到此為止，並請各位不吝賜予指正為感，謝謝。

南懷瑾先生著作簡介

1.禪海蠡測　南懷瑾著

本書爲南懷瑾先生傳世經典之作，有關禪宗宗旨、公案、機鋒、證悟宗師授受、神通妙用，及其與丹道、密宗、淨土之關係，鈎玄提要，爲要上菩提大道，舖了一條上天梯。

2.楞嚴大義今釋　南懷瑾著

「自從一讀楞嚴後，不看人間糟粕書」──它是宇宙人生眞理探原的奇書，是入門悟空的一部書，也是抱本修行，閉關修行一直到證果跟在身邊的一部書。

3.楞伽大義今釋　南懷瑾著

「楞伽印心」，禪宗五祖以前，用它來驗證學人是否開悟，書中有一百零八個人生思想哲學問題，是唯識學寶典。解析唯心、唯物矛盾的佛典。

4.禪與道概論　南懷瑾著

本書說明禪宗宗旨與宗派源流，及其對中國文化之影響。後半部談正統道家及隱士、方士、神仙丹派之思想來源和內容，可稱照明學術界的方外書。

5.維摩精舍叢書　袁煥仙著　南懷瑾合著

散盡億萬家財，行腳遍天下，求法忘軀，大澈大悟，川北禪宗大德鹽亭老人煥仙先生，此篇鉅著，分判諸宗門派獨步千古，凡究心三家內典者，不可不讀，南懷瑾先生即其傳法高第也。

6.禪話　南懷瑾述著

「山迴迴，水潺潺，片片白雲催犢返；風蕭蕭，雨灑灑，飄飄黃葉止兒啼。」禪話對歷代禪門祖師的公案，給予時代的新語！

7.靜坐修道與長生不老　南懷瑾著

融合儒、釋、道三家靜坐原理，配合中、西醫學，對於數百年來，各方修道者的修持經驗，予以深入淺出的介紹和解答，揭開幾千年來修持的奧秘。

8.論語別裁（原文加注音）　南懷瑾述著

是中華民國開國以來，闡揚中國固有文化精髓，推古陳新，使現代中國人能夠了解傳統文化的橋樑。它，接續了古今文化隔閡的代溝。

9.習禪錄影　南懷瑾講述

「羚羊掛角無蹤跡，一任東風滿太虛。」本書是禪宗大師南懷瑾先生，歷年來主持禪七的開示語錄，及十方來學的修行報告，你想一賭禪門風範嗎？假此文字因緣，也算空中授受，可乎？

10.新舊的一代　南懷瑾講述

原名：廿世紀青少年的思想與心理問題。解析了近百年來學術思想的演變，近六十年來的教育問題和現代社會青少年思想問題的根源。

11.參禪日記（初集，原名：外婆禪）　金滿慈著　南懷瑾批

本書是一位退居異國的老人，參禪修道來安排他晚年生活的實錄，許多修行的功夫和境界，都是女性修道者，最好的借鏡與指導。

12.參禪日記（續集）　金滿慈著　南懷瑾批

她的日記續集，讓廿世紀的現代人，看到一個活生生的，邁向修
道成功的事實例證。

13.定慧初修　袁煥仙　南懷瑾合著

本書收集袁煥仙先生及其門人南懷瑾先生，有關止觀修定修慧的
講記，對習禪及修淨土者，提示了正知正見和真正修行的方法，
最適合初學者。

14.孟子旁通㈠　南懷瑾講述

是繼「論語別裁」後，劃時代的鉅著，為中華文化留下再生的種
子，內容包羅諸子百家思想精華，觸類旁通，驗證五千年來歷史
人事，司馬遷謂：「通古今之變，成一家之言。」恰足以讚之。

淨名盫詩詞拾零

15.佛門楹聯廿一副　合編　南懷瑾著

金粟軒詩話八講

本書揭開古今詩訣奧秘，法語空靈，禪機雷射，所輯及所作詩詞
、楹聯，皆為千古流傳難得一見之詩林奇響。

16.觀音菩薩與觀音法門　南懷瑾等講述

家家彌陀佛，戶戶觀世音，本書收集南懷瑾先生，歷年對觀音法
門之講記，及古今大德、顯密二宗對觀音菩薩的看法及觀音修持
法門，是學佛的初基，也是求證佛法最直接切入的方便法門

17.歷史的經驗㈠　南懷瑾講述

本書為南教授外學講記，以經史合參方式，長短經、戰國策為主
，講君臣對待，有無相生、利弊相參的道理，是治世的良典，是
領導的藝術，也是撥亂反正難得的寶笈。

---

18. **道家、密宗與東方神秘學　南懷瑾述著**

本書揭開千古修行、成仙、成佛之奧秘，有關道家易經、中醫、與神仙丹道，以及西藏密宗原理和重要密法法本之提示，皆有深入淺出的介紹和批判。

---

19. **中國文化泛言（序集）　南懷瑾著**

本書集中南老師歷年來所寫有關諸書序言，編爲一冊，內容精蘊，包含廣泛，於人生學問、修證各方面之見地，高邁今古，迥脫凡塵，揮發儒、釋、道三家思想精華，可藉爲初學入門引導之指南，亦可作爲資深研究者更上之驗證。亦可由此略窺南先生思想精神之大概。

---

20. **歷史的經驗㈡　南懷瑾講述（暫停版）**

張良助劉邦擊敗項羽，統一天下，兵機謀略，大多得自黃石公素書之啟發，素書凡一千三百三十六言，上有秘戒，不許傳于不道、不神、不聖、不賢之人，若傳非其人，必受其殃。得人不傳。亦受其殃。張良之後，此書不知去向，至晉朝，有人盜發張良之墓，於玉枕之處發現此書，自此素書始再傳於世間云云。書後附陰符經及太公三略，皆兵法之宗祖。南先生此篇講記，將三千年來歷史例證，平舖原經文之後，以便讀者可以經史合參，而對於千古是非成敗之際之因因果果，判然明白，或者以之做爲個人創業，及立身處世之參考。

---

21. **禪觀正脈研究　南懷瑾等講述**

據佛經記載，釋迦文佛住世時期，有無數修行弟子修行得道證果，何以二千多年來，佛法普及之後，修道者多如牛毛，證果者反而寥寥無幾？此一公案困惑千古行人，原來當初世尊座下弟子，泰半皆從白骨禪觀入手，以爲修行之根基，故容易獲得果證。自

南師以「禪密要法」為底本，首倡白骨禪觀之修法以來，參修同仁，宿業漸消，疾病多癒，禪觀定力亦日有更進。因之懇請南師首肯，乃將當初講記整理出書，以為修道行人之參考，由於後半部尚待校正及補充資料，故先出版上冊先行流通。

---

22. 一個學佛者的基本信念──華嚴經普賢行願品講記　南懷瑾講述

本書將華嚴經普賢行願品的內義闡述無遺，尤其將普賢行願的修持法門直述公開，顯密融通，是歷來講解此經所未曾有者。書後並附普賢菩薩有關經文及諸佛菩薩行願。

---

23. 老子他說（上）　南懷瑾述著

老子其猶龍乎？南師懷瑾先生在本書中以經史合參，以經解經的方式，藉著老子自證的現身說法，刻畫出中國文化中道家隱士思想在歷史巨變中影響時世偉大磅礡光輝燦爛的一面。同時發揮了幾千年來書院學者所不知、不能言及的道德內蘊。老子他說，他說老子，這是領袖之學，這是修養的極致，有心文化者，有心領導事功者，有心修道成聖者，不可不一讀！再讀！

---

24. 中國佛教發展史略述　南懷瑾著

本書從印度佛教起源，談至佛法傳入中國時的現況，以迄於民國後的佛教界，對於研究佛教歷史淵源及禪宗叢林制度的學者，本書提供了清晰的史料和線索，書後並附禪宗叢林制度與中國社會全文。

---

25. 中國道教發展史略述　南懷瑾著

幾千年來道教的歷史演變，由學術思想、宗教型式及修煉內涵三方面，以及宗教及科學兩個層次，公平的批判解析道教存在的歷史原因，和它偉大的貢獻和價值，並預言未來道教所應發展的方

向。

---

26. **易經雜說——易經哲學之研究　南懷瑾講述**

南師懷瑾先生精通易理，社會大眾往往有稱讚其為「當今易學大師」者，然其講解易經課程，卻是深入淺出，平易近人，幾乎把高深的易理說得人人都懂，還有他異於古今學者獨特的妙悟勝解，說是綜羅百家精要亦可，說是成一家之言亦可。本書為其隨心所講的講記，整編而成，相信必大有助於初學易者及深研易者之啟發。

---

27. **金粟軒紀年詩初集　南懷瑾著**

本書為南懷瑾先生自十五歲至七十歲，閒居隨感而作詩詞編集而成。詩是他思想情感寄託蘊藏之所在，也是弟子們藉以了解其師生命的橋樑，本編所集，皆清涼塵囂之無上甘露也。

---

28. **如何修證佛法　南懷瑾講述**

您知道學佛修行須依持那三個綱要？大乘必須以小乘作基礎，小乘的修法如何修呢？那個法門最易成就呢？修持只為得定嗎？定是什麼？如何得定呢？修行中會有那些情況與歧路呢？楞嚴經所講的五十種陰魔境界裏，卻蘊藏著修行解脫程序的大秘密？這是南懷瑾先生花了幾十年的時間才發現的秘密，在此公開，請修行同道好好珍惜！

---

29. **易經繫傳別講　南懷瑾講述**

南懷瑾先生繼「易經雜說」後另一部有關易經的講述是「易經繫傳別講」。繫傳是孔子研究易經的心得報告，也是學易的門徑。本書不但對易經有更精闢的講述，也是孔孟思想、儒家學說的探源。從自然的道理，說到人文的精神，人生的道理，修行的道理……無論入世出世均為不可亟得的摩尼寶典。

30. 圓覺經略說　南懷瑾講述

圓覺經是可以徹底解決人生痛苦煩惱的經典，是指引如何修行成佛的經典。本書的講解，深入淺出，初學易懂，且明白指出如何明心見性，以及修行過程中的諸多問題。有心習禪或參研佛法者，不可不讀！

31. 金剛經說甚麼　南懷瑾講述

這是一本超越哲學宗教的書！這是一本徹底消除一切宗教界限的書！千餘年來，無數人研究金剛經，唸誦金剛經，因金剛經而悟道，因金剛經而得到不可思議的感應，為什麼？四句偈到底是哪四句？禪宗為什麼提倡金剛經？金剛經的威力是什麼？本書解答你一切的疑問……

32. 藥師經的濟世觀　南懷瑾講述

這是一部通俗卻不易懂的經典，為什麼藥師佛是在東方？藥師佛的藥是什麼？如何能死而復生？如何去面對死亡？以及如何消災延壽等，都是本書中所討論的。

33. 原本大學微言　南懷瑾講述

這部南懷瑾先生近年講述的《原本大學微言》旁徵博引，融會中外古今學說與歷史於一爐，對於「格物、致知、正心、誠意」，以至「修身、齊家、治國、平天下」等修養次第及致用之學，都講得很詳盡透徹。對於知、止、定、靜、安、慮、得的七項內證功夫，更是超越前人的見解。二千年來隱晦不彰的原本《大學》，在本書中燦然大白，是現代人修身處世所不可或缺的好書。

佛說入胎經 今釋

—投胎住胎與胎教—

南懷瑾　指導　李淑君　譯著

發　行　人：南懷瑾
出　版　者：老古文化事業股份有限公司
地　　　址：臺北市信義路三段二十一號（一樓附設門市）
電　　　話：(02) 2703－5592
傳　　　眞：(02) 2707－8217
郵 撥 帳 號：0159426－1
網　　　址：http://www.laoku.com.tw
電 子 郵 件：laoku@31.hinet.net

戊寅1998 (87) 年 8 月臺灣初版
己卯1999 (88) 年 8 月臺灣初版四刷
（局版字第 1595 號）有版權　勿翻印

香港總代理：經世學庫發展有限公司
地址：香港中環都爹利街八號鑽石會大廈十樓
電話：2845－5555
傳眞：2525－1201

定　　　價：新台幣二七〇元整
　　　　　　港　幣　　　　元整

國際標準書號：ISBN 957-8984-48-0